정보전송공학

이시우 著

 21세기사

이 도서의 국립중앙도서관 출판예정도서목록(CIP)은 서지정보유통지원시스템 홈페이지(http://seoji.nl.go.kr)와 국가자료공동목록시스템(http://www.nl.go.kr/kolisnet)에서 이용하실 수 있습니다.(CIP제어번호: CIP2016017484)

PREFACE

본 교재는 IT관련학과 전공자들이 기본적으로 알아야 할 정보전송공학에 관한 전문서적으로서 대학이나 전문대학의 전공교재로 활용할 수 있으며 국가자격시험인 정보통신기사, 정보통신산업기사로 활용할 수 있다. 본 교재의 특징은 장구한 서술은 피하고 그림과 내용을 간략히 요약하는 기법을 사용하여 핵심이 되는 내용을 정리하는 표현기법을 사용한 것이 특징이라 할 수 있다.

본 교재의 구성을 살펴보면 제1장에서는 신호의 종류와 변환형태, 아날로그 신호의 변조방식을 요약정리 하였으며, 제2장에서는 디지털 신호의 변조방식과 신호의 부호화를 다루고 있다. 제3장에서는 다중화 및 다중접속의 기초와 다중화 및 다중접속으로서 TDM/TDMA, FDM/FDMA, CDM/CDMA를 요약정리 하였다. 제4장에서는 유선통신과 무선통신에서 사용하는 전송선로의 개념과 광통신, 이동통신의 전송개념을 다루고 있다. 제5장에서는 전송방식의 기초와 전송방식의 매체, 형태, 동기와 비동기, 통신망에 대한 이론을 요약정리 하였다. 제6장에서는 정보전송공학에서 기본적으로 습득하여야 할 전송제의 개념과 전송프로토콜, 전송오류제어에 관한 내용을 정리하였다.

끝으로 이 책이 출판되기 까지 음양으로 도와준 가족들에게 이 책을 바친다.

저자

CONTENTS

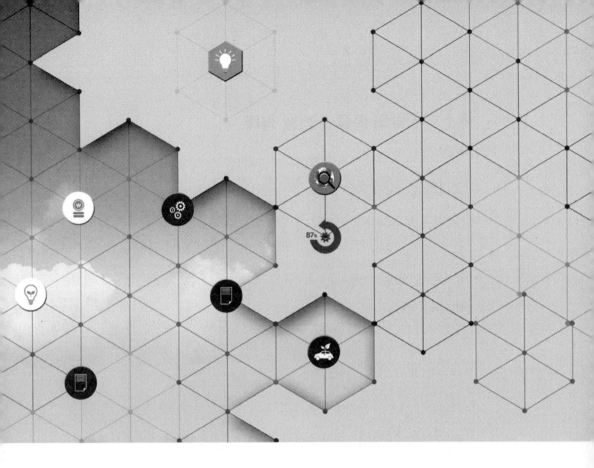

CHAPTER 1

아날로그 신호 변환 방식

1.1　신호의 종류와 변환 형태

(1) 신호(Signal)의 종류

- **아날로그 신호(Analog Signal)** : 연속적으로 변화하는 전기적인 신호를 아날로그 신호라 한다.

- **디지털 신호(Digital Signal)** : 전기적인 신호를 0 과 1로 표현한 신호를 디지털 신호라 한다.

(2) 신호(Signal)의 변환 형태

① 아날로그 신호 → 디지털 신호

- 모뎀(Modem)을 이용하여 연속적인 전기신호를 0과 1로 표현한 디지털 신호로 변환 시킨다.

- 모뎀이란 장비내에 표본화, 양자화, 부호화하는 반도체 칩(Chip)이 내장되어 있다.

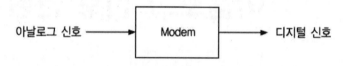

〈그림 1-1〉 아날로그 신호를 디지털 신호로 변환

② 디지털 신호 → 아날로그 신호

- 부호화된 디지털 신호를 아날로그 신호로 복원하기 위하여 코덱(Codec)이란 반도체 칩을 사용한다.

- 코덱내에는 디지털 신호를 아날로그 신호로 복원하기 위한 알고리즘이 프로 그래밍 되어 있다.

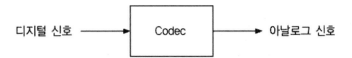

〈그림 1-2〉 디지털 신호를 아날로그 신호로 변환

〈표 1-1〉 신호의 변환형태에 따른 분류

	아날로그 신호	디지털 신호
아날로그 신호	AM, FM, PM	PCM
디지털 신호	ASK, FSK, PSK, QPSK, QAM	RZ, NRZ, HDBN, BNZS

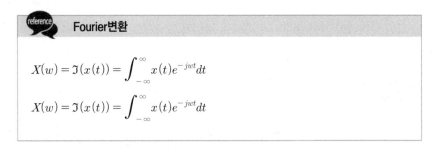

reference **Fourier변환**

$$X(w) = \Im(x(t)) = \int_{-\infty}^{\infty} x(t)e^{-jwt}dt$$

$$X(w) = \Im(x(t)) = \int_{-\infty}^{\infty} x(t)e^{-jwt}dt$$

1.2 아날로그 신호의 변조방식

(1) 변조는 왜 하는가?

① 다중통신을 위하여 변조를 한다.

- 하나의 통신회선에 다수의 아날로그를 전송하기 위해서 다중화 기술이 필요한데, 각각의 아날로그 신호의 반송 주파수를 변조함으로서 다중화 할 수 있다.

② 장거리 통신을 위하여 변조를 한다.

- 낮은 주파수의 아날로그 신호를 효율적으로 전송하기 위하여 높은 주파수대로 변조함으로서 장거리 통신이 가능하다.
- 낮은 주파수의 아날로그 신호를 높은 주파수대로 변조함으로서 핸드폰에 장착된 안테나와 같이 송수신 안테나의 길이가 짧아진다.

- 안테나의 파장($\lambda = \dfrac{1}{f}$)은 주파수에 반비례하기 때문에 주파수가 높으면 송수신 안테나의 길이가 짧아진다.
- 주파수를 이용하여 장거리 통신을 하기 위하여 유선, 무선에서는 다음과 같은 주파수를 사용한다.
  유선: 고주파(전력효율이 좋다)
  무선: 저주파(전파가 장애물을 보다 쉽게 회절)

③ 신호를 최적화 하기 위하여 변조를 한다.

- 잡음을 감소시켜 신호대잡음비(SNR : Signal to Noise Ratio)를 개선하기 위하여 변조를 한다.

Fourier 변환은 비주기 신호뿐만 아니라 주기 신호까지 포함하여 확장시킬 수 있다.
신호 $x(t)$의 Fourier 변환 $X(w)$가 $w = w_0$에서 면적이 2π인 단일임피던스라 하면

$X(w) = 2\pi\delta(w - w_0)$

Fourier 변환에 의하여 $x(t)$를 결정하기 위하여 Fourier 역변환식을 이용하면

$x(t) = \dfrac{1}{2\pi}\displaystyle\int_{-\infty}^{\infty} 2\pi\delta(w - w_0)e^{jwt}dw = \int_{-\infty}^{\infty}\delta(w - w_0)e^{jwt}dw = e^{jw_0 t}$

$e^{jw_0 t} = 2\pi\delta(w - w_0)$

- 임펄스 함수 : $x(t) = \delta(t)$

$$X(w) = \int_{-\infty}^{\infty}\delta(t)e^{-jwt}dt = 1$$

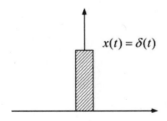

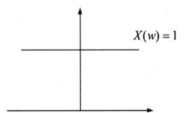

- DC 신호 : $x(t) = 1$)

$$X(w) = \int_{-\infty}^{\infty} 1 \cdot e^{-jwt} dt = \int_{-\infty}^{\infty} e^0 e^{-jwt} dt = 2\pi\delta(w) \quad (w = 0)$$

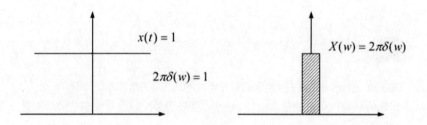

$x(t) = 1$

$2\pi\delta(w) = 1$

$X(w) = 2\pi\delta(w)$

- 신호 $x(t)e^{jw_0t}$ 의 Fourier 변환

$$\Im(x(t)e^{jw_0t}) = \int_{-\infty}^{\infty} x(t)e^{jw_0t}e^{-jwt} dt$$

$$= \int_{-\infty}^{\infty} x(t)e^{-j(w-w_0)t} dt = X(w-w_0)$$

주파수 이동성질에서 신호에 e^{jw_0t} 가 곱해지면 신호의 스펙트럼이 $w = w_0$ 만큼 이동하게 된다. 실제로 e^{jw_0t} 는 물리적으로 발생시킬 수 없는 함수이기 때문에, 실제로는 $x(t)$ 에 정현파를 곱하여 주파수를 이동 시킬 수 있다.

- Euler 공식

$$x(t)\cos w_0 t = x(t)\frac{1}{2}[e^{jw_0t} + e^{-jw_0t}] = \frac{1}{2}[x(t)e^{jw_0t} + x(t)e^{-jw_0t}]$$

$$\cos w_0 t = \frac{1}{2}(e^{jw_0t} + e^{-jw_0t})$$

$$e^{jw_0t} = \cos w_0 t + j\sin w_0 t$$

$$x(t)\cos w_0 t = \frac{1}{2}[x(t)e^{jwt} + x(t)e^{-jwt}]$$

이 식을 Fourier 변환하면

$$F[x(t)\cos w_0 t] = \frac{1}{2}[X(w-w_0) + X(w+w_0)]$$

$\mathfrak{I}$: 타우 δ : 델타

(2) 변조의 원리

- 아날로그 신호를 디지털 신호로 변환하기 위하여 정보신호 $x(t)$의 Fourier 변환 $F(w)$의 스펙트럼을 $\pm w_0$ 이동시킨 것을 변조(Modulation) 하였다고 한다.

- 변조된 신호를 피변조파라 한다.

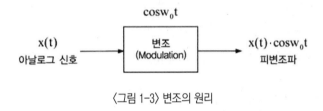

〈그림 1-3〉 변조의 원리

- $x(t) \cdot \cos w_0 t \rightarrow$ Fourier 변환

$$X(f) * \mathfrak{I}(\cos 2\pi f_0 t) = X(f) * \frac{1}{2}[\delta(f+f_0) + \delta(f-f_0)]$$

$$= \frac{1}{2}[X(\delta(f+f_0)) + X(\delta(f-f_0))]$$

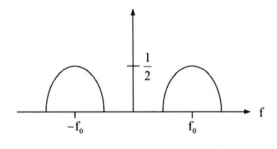

〈그림 1-4〉 Fourier변환에 의한 스펙트럼

⑶ 변조의 종류

• 아날로그 신호를 디지털 신호로 변환하기 위한 변조 기법과 디지털 신호를 아날로그 신호로 변환하는 변조 기법이 있다.

• **아날로그 신호 → 디지털 신호**

   - 진폭변조(AM : Amplitude Modulation)

   - 주파수 변조(FM : Frequency Modulation)

   - 위상 변조(PM : Phase Modulation)

• **디지털 신호 → 아날로그 신호**

   - 진폭 편이 변조(ASK : Amplitude Shift Keying)

   - 주파수 편이 변조(FSK : Frequency Shift Keying)

   - 위상 편이 변조(PSK : Phase Shift Keying)

① 진폭 변조(AM : Amplitude Modulation)

• **변조파** : $x(t) = A_m \cos 2\pi f_m t$

• **반송파** : $c(t) = A_c \cos 2\pi f_c t$

   ※ 참고 : 반송파의 진폭 A_c를 신호파의 크기에 비례해서 변화시키는 방법

• **피변조파** : $s(t) = [A_c + x(t)] \cos 2\pi f_c t = A_c[1 + m \cos 2\pi f_m t] \cos 2\pi f_c t$

여기에서, 변조도 m은 $m = \dfrac{A_m}{A_c}$ 로서 피변조파에 삼각함수 공식을 적용하면 다음과 같은 식을 얻을 수 있다.

$$s(t) = A_c \cos 2\pi f_c t + \frac{mA_c}{2} \cos(2\pi f_c + 2\pi f_m)t$$

$$+ \frac{mA_c}{2} \cos(2\pi f_c - 2\pi f_m)t$$

$$\because \cos A \cos B = \frac{1}{2}[\cos(A+B) + \cos(A-B)]$$

여기에서, $A_c \cos 2\pi f_c t$ 는 반송파 성분을 나타내며, $\frac{mA_c}{2}\cos(2\pi f_c + 2\pi f_m)t$ 는 상측파 성분을, $\frac{mA_c}{2}\cos(2\pi f_c - 2\pi f_m)t$ 는 하측파 성분을 나타낸다.

$$A_c \cos 2\pi f_c t + mA_c \cos 2\pi f_m t \cdot \cos 2\pi f_c t$$
$$= \frac{mA_c}{2}\cos(2\pi f_c t + 2\pi f_m)t + \frac{mA_c}{2}\cos(2\pi f_c t - 2\pi f_m)t$$

$A_c \cos 2\pi f_c t$: 반송파

$\dfrac{mA_c}{2}\cos(2\pi f_c t + 2\pi f_m)t$: 상측파(USB: Upper Side Band)

$\dfrac{mA_c}{2}\cos(2\pi f_c t - 2\pi f_m)t$: 하측파(LSB: Lower Side Band)

- 변조도 : $m = \dfrac{A_m}{A_c}$

  - $m = 1$인 경우 : 100% 변조

  - $m > 1$인 경우 : 과변조

🔔 NOTE   과변조 때 나타나는 현상

- 피변조파의 파형이 일그러진다.
- 통신장애가 발생한다.
- 주파수 대역폭이 넓어진다.

- **상측파대** : $f_c + f_m$ (f_c : 반송파의 주파수, f_m : 신호파의 주파수)

- **하측파대** : $f_c - f_m$

- **점유 주파수 대역폭** : $B =$ 상측파대 $-$ 하측파대 $= 2f_m$

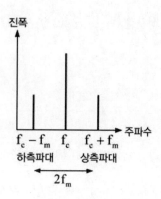

〈그림 1-5〉 주파수 스펙트럼

② 주파수 변조(FM : Frequency Modulation)

> ※ 참고 : AM에 비하여 전송대역폭을 넓게함으로서 복조후의 신호대잡음비(SNR)를 크게 할 수 있다.

- 주파수 변조(FM : Frequency Modulation)는 신호파의 주파수에 따라 반송파의 주파수를 변화시키는 방식이다.

- **신호파** : $x(t) = A_m \sin 2\pi f_m t$

- **반송파** : $c(t) = A_c \sin 2\pi f_c t$

- **피변조파** : $s(t) = A_c \sin \theta(t) = A_c \sin\left(2\pi f_c t + \dfrac{\Delta 2\pi f_c}{2\pi f_m} \sin 2\pi f_m t\right)$

  $= A_c \sin\left(2\pi f_c t + m_f \sin 2\pi f_m t\right)$

- **주파수 변조 지수** : $m_f = \dfrac{\Delta 2\pi f_c}{2\pi f_m} = \dfrac{\Delta f_c}{f_m}$ (f_m : 신호 주파수, Δf_c : 편이 주파수)

- 점유 주파수 대역폭 : $B = 2f_m(m_f + 1) = 2(\Delta f_c + f_m)$ [Hz]

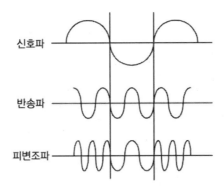

신호파

반송파

피변조파

〈그림 1-6〉 주파수 변조 파형

- **반송파 억압 진폭 변조 AM-SC, DSB-SC)**

보통 진폭변조방식에서는 정보전달에 기여하지 않는 반송파의 전력이 전전력의 2/3를 차지한다. 정보의 전송만을 고려하면 반송파를 제거하고 측파대만을 전송하면 송신전력이 그 만큼 절약된다. 이와같은 방식을 반송파 억압 진폭변조(Amplitude Modulation Suppressed Carrier: AM-SC, DSB-SC)라 한다.

- **단측파대 진폭변조 SSB**

AM-SC 파는 반송파 주파수를 w_c를 경계로 좌우대칭이기 때문에 정보로서 양측파대 중에 한쪽만을 보내면 충분하다. 이것을 단측파대 진폭변조(SSB: Single Side Band AM)라하고 AM-SC의 송신전력 및 대역폭이 1/2이 된다.
SSB를 사용하면 좋은 이점은 "페이딩에 강하다"를 들 수 있다.

- **페이딩 : fading**

무선통신에서 복수개의 전파가 수신기에 도달하기 때문에 그 합성파의 수신강도가 시간적으로 렌덤(Random)하게 변동하는 것을 말한다.

- **잔류측파대 진폭변조 VSB**

광대역에서 저주파 성분을 포함하는 신호(비디오신호, 팩시밀리 신호, 고속 데이터 신호)에 대해서는 SSB 방식을 사용하지 않고, SSB와 DSB 방식의 중간 형태인 잔류측파대 변조(VSB: Vestigial Side Band)

③ 위상 변조(PM : Phase Modulation)

- 신호의 위상에 따라 반송파의 위상을 변화시키는 방식을 위상변조(PM : Phase Modulation)라 한다.

- **신호파** : $x(t) = A_m \sin 2\pi f_m t$

- **반송파** : $c(t) = A_c \sin 2\pi f_c t$

- **피변조파** : $s(t) = A_c \sin (2\pi f_c t + \Delta\theta \sin 2\pi f_m t)$, $\Delta\theta$: 위상 편이

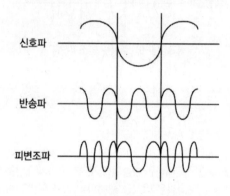

〈그림 1-7〉 위상 변조 파형

1. 변조의 개념을 옳게 설명하지 못한 것은?

㉠ 수신신호로부터 반송파를 제거하는 것이다.

㉡ 채널을 통해 효율적으로 전송되도록 송신신호를 변환하는 것이다.

㉢ 아날로그 신호를 디지털 신호로 변환하는 것이다.

㉣ 전송신호를 고주파 신호 성분과 저주파 신호 성분으로 분리하는 것이다.

> **해설** 변조는 디지털 신호를 아날로그 전송회선에 전송할 수 있도록 신호변환을 하는 것이며 신호를 효율적으로 전송하기 위한 것과는 거리가 멀다.

2. 변조를 하는 이유에 해당하지 않는 것은?

㉠ 다중통신을 위하여 변조를 한다.

㉡ 장거리 통신을 위하여 변조를 한다.

㉢ 신호를 최적화 하기 위하여 변조를 한다.

㉣ 전송속도를 빠르게 하기 위하여 변조를 한다.

> **해설** 변조를 하는 이유
> ① 다중통신을 위하여 변조를 한다.
> ② 장거리 통신을 위하여 변조를 한다.
> ③ 신호를 최적화 하기 위하여 변조를 한다.

3. 신호의 상호간섭과 외부 잡음을 적게 하는데 적합한 변조 방법은?

㉠ 진폭 변조   ㉡ 주파수 변조

㉢ 위상 변조   ㉣ 펄스 변조

정답 1. ㉡   2. ㉣   3. ㉣

4. 아날로그 변조 방식 중 가장 고속으로 전송 할 수 있는 변조 방식은?

㉮ AM ㉯ PM

㉰ FM ㉱ SSB

5. 변조를 하는 이유에 해당하지 않는 것은?

㉮ 하나의 통신회선에 다수의 아날로그를 전송하기 위해서 다중화 기술이 필요한데, 각각의 아날로그 신호의 반송 주파수를 변조함으로서 다중화 할 수 있다.

㉯ 낮은 주파수의 아날로그 신호를 효율적으로 전송하기 위하여 높은 주파수대로 변조함으로서 장거리 통신이 가능하다.

㉰ 변조와 송수신 안테나의 길이와는 무관하다.

㉱ 잡음을 감소시켜 신호대잡음비(SNR : Signal to Noise Ratio)를 개선하기 위하여 변조를 한다.

> **해설** 낮은 주파수의 아날로그 신호를 높은 주파수대로 변조함으로서 핸드폰에 장착된 안테나와 같이 송수신 안테나의 길이가 짧아진다.

6. 아날로그 신호로 반송파의 신호를 온-오프(ON-OFF)하여 전송대역을 효율적으로 사용할 수 있으며 비동기 검파가 가능한 변조 방식은?

㉮ 진폭 변조 ㉯ 주파수 변조

㉰ 위상 변조 ㉱ 각 변조

정답 4. ㉯ 5. ㉰ 6. ㉮

7. 아날로그 신호의 크기에 따라 펄스폭을 변화시키는 변조 방식은?

    ㉮ PAM   ㉯ PCM

    ㉰ PWM   ㉱ PPM

8. 아날로그 신호의 크기에 따라 펄스의 위치를 변화시키는 변조 방식은?

    ㉮ PAM   ㉯ PCM

    ㉰ PWM   ㉱ PPM

9. 아날로그 신호의 크기에 따라 펄스의 진폭을 변화시키는 변조 방식은?

    ㉮ PAM   ㉯ PCM

    ㉰ PWM   ㉱ PPM

10. 아날로그 전송로에 의한 데이터 전송에 관하여 잘못 설명한 것은?

    ㉮ 변조방식에는 공중전화망을 사용할 수 없다.

    ㉯ 다치(多値)변조는 데이터를 고속으로 전송할 수 있다.

    ㉰ 각종 주파수 성분을 갖는 데이터 신호를 교류신호로 변환하는 대역전송을 한다.

    ㉱ 베이스밴드(base band)전송을 기본으로 한다.

11. 다음 방식 중 대역 전송 방식에 사용하고 있지 않은 방식은?

    ㉮ AM   ㉯ PNM

    ㉰ FM   ㉱ PM

정답   7. ㉰   8. ㉱   9. ㉮   10. ㉮   11. ㉯

12. 대역 전송(bandpass transmission)에 대한 설명으로 옳지 않은 것은?

㉮ 직류 또는 교류 신호를 동시에 전송하는 방식이다.

㉯ 주로 LAN에 사용하는 방식이다.

㉰ 직류 신호를 교류 신호로 변환하여 전송하는 방식이다.

㉱ 직류 신호를 전송할 수 있는 방식이다.

> **해설** 대역전송 : 반송파의 진폭, 주파수, 위상을 변조시켜 디지털 신호를 전송하는 방식으로 ASK, FSK, PSK로 구분한다.

13. 변조를 하는 이유에 해당하지 않는 것은?

㉮ 잡음의 방지

㉯ 신호간의 간섭 방지

㉰ 송수신 안테나의 제작 문제 해결

㉱ 시분할 다중 통신 수행

14. 다음 그림과 같은 변조된 파형을 얻을 수 있는 변조 방식은?

㉮ 진폭 변조 방식　　　　　㉯ 주파수 변조 방식

㉰ 위상 변조 방식　　　　　㉱ 직교 진폭 변조 방식

정답 12. ㉰　　　13. ㉱　　　14. ㉮

15. 다음 그림과 같은 변조된 파형을 얻을 수 있는 변조 방식은?

㉮ 진폭 변조 방식   ㉯ 주파수 변조 방식

㉰ 위상 변조 방식   ㉱ 직교 진폭 변조 방식

16. 아날로그 신호를 디지털 전송하기 위한 필수적인 신호처리 과정이 아닌 것은?

㉮ 정보화   ㉯ 표본화

㉰ 양자화   ㉱ 부호화

17. 다음 그림과 같은 변조된 파형을 얻을 수 있는 변조 방식은?

㉮ 진폭 변조 방식   ㉯ 주파수 변조 방식

㉰ 위상 변조 방식   ㉱ 직교 진폭 변조 방식

18. 진폭 변조 방식에서 본래의 신호를 원래 상태로 제일 가까이 복조할 수 있는 장치는?

㉮ 단측파대 진폭 변조 방식   ㉯ 잔류측파대 진폭 변조 방식

㉰ 양측파대 진폭 변조 방식   ㉱ 다(多)위상 변조 방식

정답   15. ㉯   16. ㉮   17. ㉰   18. ㉯

19. 다음 변조 방식 중 데이터 전송 속도가 가장 빠른 방식은?

㉮ 진폭 변조 방식 ㉯ 주파수 변조 방식

㉰ 위상 변조 방식 ㉱ 시분할 변조 방식

해설 위상 변조 방식은 주파수 변조 방식 보다 고속의 데이터 전송에 사용된다.

20. 아날로그 신호를 디지털 신호로 변환하는 변조기법이 아닌 것은?

㉮ AM ㉯ FM

㉰ PM ㉱ ASK

21. 진폭변조에서 변조도 $m = 1$인 경우를 무엇이라 하는가?

㉮ 100[%] 변조 ㉯ 과변조

㉰ 무변조 ㉱ 50[%] 변조

22. 진폭변조에서 변조도 $m > 1$인 경우를 무엇이라 하는가?

㉮ 100[%] 변조 ㉯ 과변조

㉰ 무변조 ㉱ 50[%] 변조

23. 진폭변조에서 과변조때 나타나는 현상이 아닌 것은?

㉮ SNR이 개선 된다.

㉯ 피변조파의 파형이 일그러진다.

㉰ 통신장애가 발생한다.

㉱ 주파수 대역폭이 넓어진다.

정답 19. ㉰ 20. ㉱ 21. ㉮ 22. ㉯ 23. ㉮

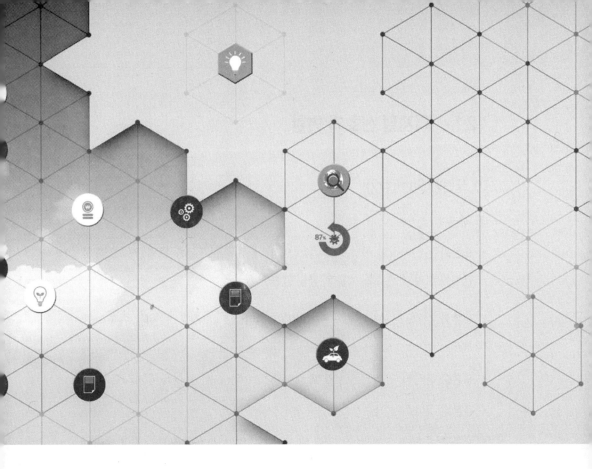

CHAPTER 2

디지털 신호 변환 방식

2.1 디지털 신호의 변환

(1) 표본화(Sampling)

① 개념

- 표본화란 연속적인 아날로그 신호($S(t)$)의 진폭을 표본화 간격(T_s)으로 표현하여 디지털 신호화 하는 과정을 말한다.

- 표본화 간격(T_s)는 $T_s \leq \dfrac{1}{2f_M}$ 이여야 한다. (f_M : 신호의 최대 주파수 대역폭)

- 표본화 간격이 $T_s = \dfrac{1}{2f_M}$ 일 때 나이퀴스트(Niquist) 표본화 주기라고 한다.

- 표본화 주파수(f_s)는 $f_s \geq 2f_M$ 이여야 한다.

- 표본화 주파수가 $f_s = 2f_M$ 일 때 나이퀴스트(Niquist) 표본화 주파수라고 한다.

- 음성통신의 통신장비에는 3.4[kHz]의 LPF가 장착되어 있어 음성신호의 주파수 대역은 3.4[kHz]로 제한됨으로 표본화 주파수는 $f_s = 2f_M = 2 \times 3.4[kHz] = 6.8[kHz]$ 가 된다. 현재, 주파수 보호대역 등 고려하여 음성신호의 표본화 주파수는 대개 8[kHz]를 사용한다. 이때 표본화 주기는 1/8[kHz]=125[μs]가 된다.

- TV 방송의 주파수 대역폭은 4.3[kHz]이며, 표본화 주파수는 $f_s = 2f_M = 2 \times 4.3[kHz] = 8.6[kHz]$ 가 된다. 현재, 주파수 보호대역을 고려하여 영상 주파수는 대개 10 ~ 12[kHz]를 사용한다.

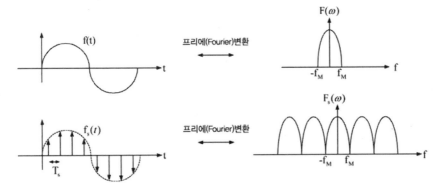

〈그림 2-1〉 표본화의 개념

② 표본화의 분류

• **이상적인 표본화**

 - 이상적인 임펄스 파형을 사용한다.

 - 주파수 대역폭은 무한대이다.

• **자연 표본화**

 - 원신호 $f(t)$의 모양에 가깝게 표본화한다.

 - 표본화된 펄스의 모양이 원신호에 가깝다.

 - 주파수 대역폭은 유한하다.

- 순시 표본화

  - 이상적인 임펄스 파형을 사용한다.

  - 펄스의 진폭이 평탄한 표본화 방법이다.

③ 표본화 오차

- **절단오차(Truncation Error)** : 표본화 정리는 신호가 무한으로 발생한다는 가정하에서 정의 된 것이다. 그러나, 실제로는 신호를 시간적으로 유한한 길이로 절단하여 처리하기 때문에 발생하는 오차를 절단오차라 한다.

- **엘리어싱(Aliasing)** : 주파수 영역에서 $T_s > \dfrac{1}{2f_M}$ 일 때 스펙트럼이 서로 겹쳐서 발생하는 오차이다.

- **반올림 오차(Round-off Error)** : 아날로그 신호의 크기를 디지털화 하는 과정에서 신호의 크기를 반올림할 때 발생하는 오차이다.

 NOTE 엘리어싱의 감소 대책

- 표본화하기 전에 저역필터를 사용하여 고주파 성분을 감소시킨다.
- Niquist 보다 높은 속도로 표본화 한다.

reference 주파수 중첩 Aliasing

shannon의 샘플링 정리는 나이퀴스트(Nyquist) 샘플링을 이상으로 샘플링하면 원신호의 복원이 가능하다. 이것은 신호가 정현파의 경우 한 주기에 2개 이상의 샘플을 취하면 된다는 것을 의미한다. 만약, 충분한 샘플을 취하지 않으면 즉 $T_S > \dfrac{1}{2f_M}$ 이라고 가정하고 정현파의 주파수에 샘플링주파수의 정수배를 더한 주파수($:w_0 + lw_s$ l은 정수)를 생각하자.

$$y(t) = \cos(w_0 + lw_S)t = \cos(2\pi(f_0 + lf_S)t)$$

$y(t)$를 주기 $T_S = \dfrac{1}{f_S}$로 샘플링하면

$$y[k] = y(kT_S) = \cos(2\pi(f_0 + lf_S)kT_S)\left(T_S = \frac{1}{f_S}\right)$$
$$= \cos(2\pi f_0 kT_S + 2\pi lkf_S T_S)$$
$$= \cos(2\pi f_0 kT_S + 2\pi lk) = \cos(2\pi f_0 kT_S) = x[k]$$

여기에서 $2\pi lk$는 T_S와 무관한 계수들이다.

$y[k]$와 $x[k]$는 동일한 샘플값을 갖기 때문에 이들을 구분지을 수 없다. 이때 l은 정수이므로 무수히 많은 정현파로부터 $x[k]$와 동일한 수열을 얻을 수 있다.

주파수 $f_0 + lf_S$를 샘플링 주파수 f_S에 대한 주파수 f_0의 alias라고 한다. f_S로 샘플링하였을 때 모든 수열이 동일하게 나타나고, 특별한 조건이 없다면 신호의 복원시에 모든 신호가 제일 낮은 주파수인 f_0를 갖는 정현파로 취급된다.

(2) 양자화(Quantization)

- **개념** : 표본화한 PAM(Pulse Amplitude Modulation)신호의 진폭을 계단 모양의 이산적인 양자화 레벨로 근사화하는 것을 양자화라 한다.

- **양자화 레벨(L)** : $L = 2^n$ (n : 사용 bit수)

- **양자화 잡음** : PAM 신호의 진폭을 양자화 레벨로 정확히 정의할 수 없는 신호를 상측 혹은 하측의 양자화 레벨로 근사화할 때 발생하는 잡음이다.

- **양자화 잡음의 전력(P_Q)** : $P_Q = \dfrac{S^2}{12}$, $S = \dfrac{V_p}{q} \approx \dfrac{2V_{max}}{2^n}$

  S : 입력신호의 전력

  V_p : 입력신호의 최대전압(V_{max})과 최소전압(V_{min})간의 간격

  q : 양자화 레벨의 간격

  n : 양자화 비트(bit)수

• 신호대 양자화 전력(P_S) : $P_S = \dfrac{S}{P_Q} = \dfrac{3}{2}q^2$

• 양자화 간격에 따른 분류

⑶ 부호화(Coding) 및 복호화(Decoding)

① 부호화(Coding)

• 양자화된 표본 펄스의 진폭을 0 또는 1의 2진 부호로 변환하는 것을 부호화
  (Coding)이라 한다.

• **음성부호화 방식의 분류**

  - 파형 부호화(Waveform Coding) 방식 : 음성신호를 표본화, 양자화, 부호
    화하여 전송/재생하는 방식이다.

  - 보코딩(Vocoding) 방식 : 음성신호의 특성 파라메터를 추출하여 전송/재
    생하는 방식이다.

  - 하이브리드 부호화(Hybrid Coding) 방식 : 파형 부호화 방식과 보코딩 방
    식을 혼합한 방식이다.

② 복호화(Decoding)

• 부호화된 디지털 신호를 원래의 신호로 복원하는 것을 복호화(Decoding)이
  라 한다.

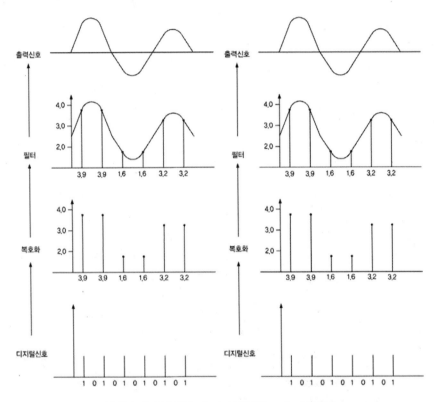

〈그림 2-2〉 부호화(Coding), 복호화(Decoding)의 원리

2.2 디지털 신호의 변조방식

(1) 디지털 변조·복조 방식의 구성

① 송신부

- **A/D 변환** : 아날로그(Analog) 신호를 디지털(Digital) 신호로 변환한다.
- **부호화(Coding)** : 디지털 신호를 압축하는 방법으로 부호화에는 소스코딩 (Source Coding)과 채널코딩(Channel Coding)이 있다.

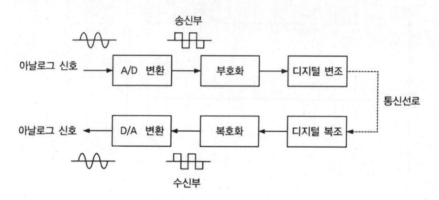

〈그림 2-3〉 디지털 변조·복조의 구성도

- 디지털 신호의 부호화 방법 :

  PCM(Pulse Code Modulation)

  ADPCM(Adaptive Differential Pulse Code Modulation),

  DM(Delta Modulation)

  ADM(Adaptive Delta Modulation)

- 디지털 신호의 전송 부호화 방법 :

NRZ(Non-Return to Zero)

RZ(Return to Zero)

Bipolar-AMI(Alternate Mark Inversion)

High Density Bipolar(BNZS, HDBN)

맨체스터(Manchaester)

NOTE 소스코딩(Source Coding)과 채널코딩(Channel Coding)

• 소스코딩 : 디지털 신호를 압축하기위한 부호화 방법
• 채널코딩 : 디지털 신호의 전송오류를 검출하기 위하여 오류검출 비트(bit)를 삽입하는 방법

• **디지털 변조** : 전송하고자하는 신호의 진폭, 주파수, 위상에 따라 반송파의 진폭, 주파수, 위상을 변화시키는 방법

  - 진폭 편이 변조(ASK : Amplitude Shift Keying) : 진폭을 변화시켜 변조시키는 방식

  - 주파수 편이 변조(FSK : Frequency Shift Keying) : 주파수를 변화시켜 변조시키는 방식

  - 위상 편이 변조(PSK : Phase Shift Keying) : 위상을 변화시켜 변조시키는 방식

  - QAM(Quadrature Amplifier Modulation) : 진폭과 위상을 동시에 변화시켜 변조시키는 방식

② 수신부

• **디지털 복조** : 변조된 피변조파 신호를 원래의 신호로 복원하는 방법

• **복호화(Decoding)** : 압축된 신호를 원래의 신호로 복원하는 방법

• **D/A 변환** : 디지털 신호를 아날로그 신호로 변환한다.

(2) 디지털 변조 방식의 종류

① 진폭 편이 변조(ASK : Amplitude Shift Keying)

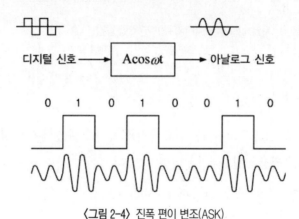

〈그림 2-4〉 진폭 편이 변조(ASK)

• 2진(0과 1)의 디지털 신호에 따라서 진폭을 변화시켜 변조시키는 방식이다.

• 저속 디지털 전송에 많이 사용한다.

② 주파수 편이 변조(FSK : Frequency Shift Keying)

• 2진(0과 1)의 디지털 신호에 따라서 주파수를 변화시켜 변조시키는 방식이다.

• 변조지수>1이면 광대역 FSK, 변조지수<1이면 협대역 FSK라고 한다.

• ASK 보다 변조시 오류가 적다.

• 저속 모뎀의 변조방식으로 사용한다.

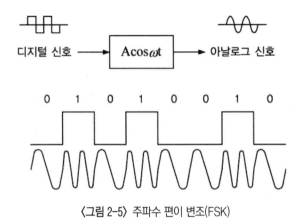

〈그림 2-5〉 주파수 편이 변조(FSK)

③ 위상 편이 변조(PSK : Phase Shift Keying)

- 2진(0과 1)의 디지털 신호에 따라서 위상을 변화시켜 변조시키는 방식이다.

- 데이터 전송시에 비교적 오류가 적다.

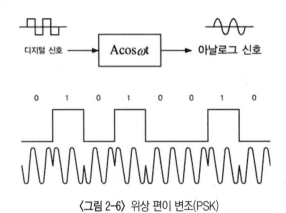

〈그림 2-6〉 위상 편이 변조(PSK)

- BPSK(Binary PSK) 방식과 QPSK(Quadrature PSK) 방식이 있다.

  - BPSK : 2진의 디지털 신호에 따라서 반송파의 위상을 변화시켜 변조시키는 방식

  - QPSK : 2개의 2진 부호(00,01,10,11)에 따라서 반송파의 위상을 변화시켜 변조시키는 방식

④ QAM(Quadrature Amplitude Modulation)

- 2진(0과 1)의 디지털 신호에 따라서 진폭과 위상을 변화시켜 변조시키는 방식이다.

- 직교진폭 변조 방식이라 한다.

- ASK와 PSK를 혼합한 형태이다.

- 진폭과 위상을 동시에 변화시키기 때문에 APK(Amplitude Phase Keying)의 한 종류이다.

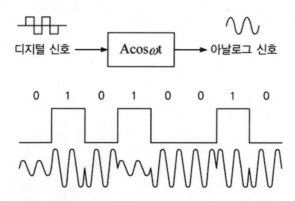

〈그림 2-7〉 QAM (Quadrature Amplitude Modulation)

2.3 디지털 신호의 부호화

(1) 부호화의 개념

• 부호화기를 통하여 압축된 신호는 복호화기를 통하여 원래의 신호로 복원한다.

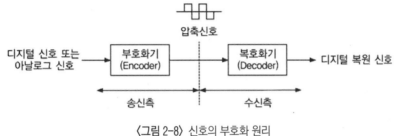

〈그림 2-8〉 신호의 부호화 원리

(2) 부호화 기법

① NRZ(Non-Return to Zero)

• 한 비트의 점유율(Duty Sycle)이 100% 이다.

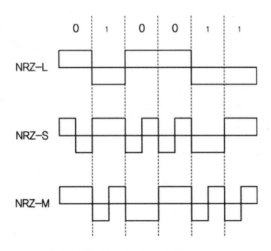

〈그림 2-9〉 NRZ-L, NRZ-S, NRZ-M의 예

- 입력신호의 0과 1에 대하여 양(+)혹은 음(-)의 펄스로 변화시키는 방식이다.

- NRZ의 종류에는 NRZ-L(Level), NRZ-S(Space), NRZ-M(Mark)가 있다.

- NRZ-L : 0=high level, 1=low level

- NRZ-S : 0=interval 중간에 천이가 있음, 1=interval 중간에 천이가 없음

- NRZ-M : 0=interval 중간에 천이가 없음, 1=interval 중간에 천이가 있음

② RZ(Return to Zero)

- 한 비트의 점유율(Duty Sycle)이 50% 이다.

- 한 비트의 1/2시간 마다 + 혹은 - 상태를 유지한 후 Zero 상태로 만드는 방식이다.

- 단류 RZ, 복류 RZ 방식이 있다.

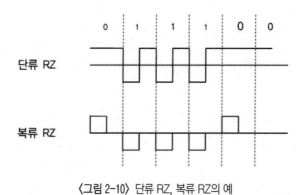

〈그림 2-10〉 단류 RZ, 복류 RZ의 예

③ High-dencity bipolar

• HDBn, BnZS(Bipolar n-zero Substitution) 부호 : 연속되는 2진부호 0은 0으로 1은 양(+)와 음(-)의 펄스를 교대로 변환시키는 방식이다.

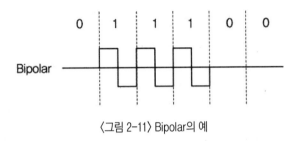

〈그림 2-11〉 Bipolar의 예

④ 맨체스터 필터(Manchester Filter)

• 입력신호의 펄스유무를 판별하여 입력신호를 증폭시키고 잡음신호를 감소시키는 필터이다.

(3) 부호 변조 기법

① 펄스 부호 변조(PCM : Pulse Code Modulation)

• 송신측에서 입력된 아날로그 신호를 디지털 신호로 변환하여 전송하고 수신측에서 다시 아날로그 신호로 변환하는 방식이다.

• 음성신호의 디지털 부호화 방식이다.

• 파형 부호화 방식에 속한다.

• 일반 유선전화에서 사용하는 방식이다.

• 각종 잡음과 누화에 강한 장점이 있다.

• 점유 주파수 대역폭이 넓은 단점이 있다.

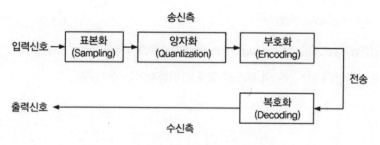

송신측

입력신호 → 표본화(Sampling) → 양자화(Quantization) → 부호화(Encoding)

전송

출력신호 ← 복호화(Decoding)

수신측

〈그림 2-12〉 PCM 방식의 원리

> **NOTE** 음성신호의 디지털 부호화 방식
>
> ① 파형 부호화 방식(Waveform Coding)
>   - 아날로그 신호를 표본화, 양자화, 부호화 과정을 통하여 디지털 신호로 변환하는 방식이다.
>   - PCM (Pulse Code Modulation)
>   - DPCM(Differential PCM)
>   - ADPCM(Adaptive DPCM)
>   - DM(Delta Modulation)
>   - ADM(Adaptive DM)
>
> ② 보코딩 방식(Vocoding)
>   - 음성신호의 특징을 추출하여 전송하고 재생하는 방식이다.
>   - LPC(Linear Prediction Coding)
>   - MPC(Multi Pulse Coding)
>   - APC(Adaptive Prediction Coding)
>
> ③ 혼합 부호화 방식(Hybrid Coding)
>   - 파형 부호화 방식과 보코딩 방식의 장점을 혼합한 방식

② 차분 펄스 부호 변조(DPCM : Differencial PCM)

- 차동 PCM(Differencial PCM)이라고도 하며 양자화기에 입력된 진폭과 예측된 진폭의 차이를 양자화 하여 전송하는 방식이다.

- PCM보다 전송해야할 정보량을 줄일 수 있다.

- 예측기는 주로 선형예측 방식을 사용한다.

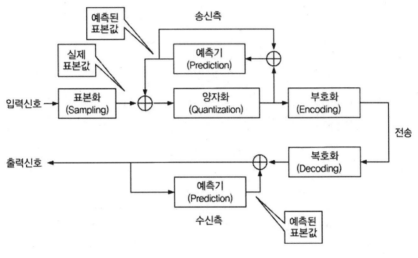

〈그림 2-13〉 DPCM 블록도

③ 적응 차분 펄스 부호 변조(ADPCM : Adaptive DPCM)

- DPCM 방식의 성능을 개선하기 위해 신호의 크기에 따라서 양자화 크기를 변화시키는 방법이다.

- 적응 예측기와 적응 양자화기를 사용한다.

  - 적응 예측기 : 예측기 필터의 계수를 변화시키는 방식

  - 적응 양자화기 : 양자화 크기를 변화시키는 방식

④ 델타 변조(DM : Delta Modulation)

• 표본값과 예측값의 차이만을 양자화하는 방법이다.

• 표본값을 1bit로 부호화 한다.

• 시스템 구성이 간단하다.

• 신뢰성이 높다.

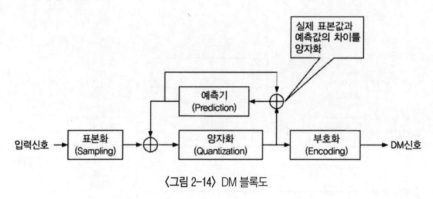
〈그림 2-14〉 DM 블록도

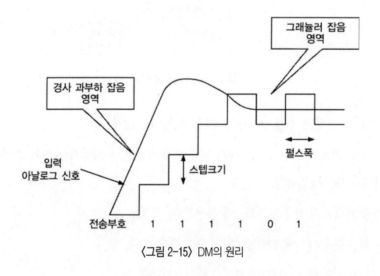
〈그림 2-15〉 DM의 원리

> **NOTE** DM의 잡음
>
> • 경사 과부하 잡음(Slope Overload Noise)
>   입력신호의 크기가 급격히 변화할 때 발생하는 잡음이다.
> • 그래뉼러 잡음(Granular Noise)
>   입력신호의 크기에 변화가 없거나 완만하게 변화할 때 발생하는 잡음이다.

⑤ 적응 델타 변조(ADM : Adaptive DM)

• DM에서는 신호의 크기에 관계없이 스텝크기를 일정하게 적용하나, ADM에서는 입력신호의 변화에 따라서 스텝크기를 가변적으로 적용시키는 방법이다.

• 진폭이 급격히 변화하는 신호에 적절한 양자화 레벨을 적용할 수 있기 때문에 양자화 잡음을 경감시킬 수 있다.

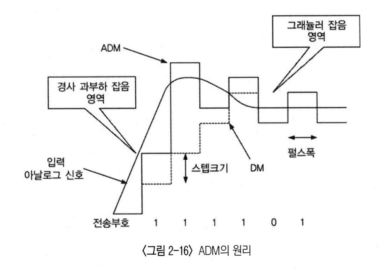

〈그림 2-16〉 ADM의 원리

- 적응형(Adaptive) 양자화기의 종류

  - CFDM(Constant Factor DM) : 매 표본값 마다 양자화 레벨을 변화시키는 순간 압신방식을 적용한 방식

  - CVSDM(Continuously Variable Slope DM) : 5ms마다 양자화 레벨을 변화시키는 음절 압신방식을 적용한 방식

  - HCDM(Hybrid Companding DM) : CFDM과 CVSDM을 혼합한 방식

1. 다음 중 표본화에 대한 설명 중 잘못된 것은?

   ㉮ 나이키스트란 원래 신호를 재생할 수 있는 최소 표본화 주기를 나타낸다.

   ㉯ 3.4[kHz]의 음성 신호를 PCM화 하는 표본화 주기는 1/6,800[초]이다.

   ㉰ 표본화 주기가 신호 최대 주파수의 2배 이상이면 표본화 신호를 원래 신호로 재생할 수 있다.

   ㉱ 표본화 주기를 짧게 하면 신호 전송을 위한 채널 용량이 커져야 한다.

   해설 표본화 주파수가 신호 최대 주파수의 2배 이상의 역수이면 표본화 신호를 원래 신호로 재생할 수 있다.

2. 다음 중 표본화 방식에 해당하지 않는 것은?

   ㉮ 펄스 표본화   ㉯ 이상적인 표본화

   ㉰ 자연 표본화   ㉱ 순시 표본화

   해설 표본화의 분류

   ① 이상적인 표본화 : 이상적인 임펄스 파형을 사용한다. 주파수 대역폭은 무한대이다.

   ② 자연 표본화 : 원신호 $f(t)$의 모양에 가깝게 표본화한다. 표본화된 펄스의 모양이 원신호에 가깝다. 주파수 대역폭은 유한하다.

   ③ 순시 표본화 : 이상적인 임펄스 파형을 사용한다. 펄스의 진폭이 평탄한 표본화 방법이다.

3. 다음 중 펄스의 진폭이 평탄한 표본화 방법은?

   ㉮ 펄스 표본화   ㉯ 이상적인 표본화

   ㉰ 자연 표본화   ㉱ 순시 표본화

정답 1. ㉯   2. ㉮   3. ㉱

연습문제

4. 실제 사용되는 표본화 방식으로 표본화한 후 일정 시간을 유지하는 표본화 방식은?

㉮ natural sampling   ㉯ flot-top sampling

㉰ pulse sampling   ㉱ instantaneous sampling

5. 표본화 정리에 의하면 주파수 대역이 60[Hz]~3.4[kHz]인 음성신호를 완전히 복원하기 위한 표본화 주기는?

㉮ $\dfrac{1}{60}$ [초]   ㉯ $\dfrac{1}{3400}$ [초]

㉰ $\dfrac{1}{6800}$ [초]   ㉱ $\dfrac{1}{7200}$ [초]

> **해설** 신호의 최고 주파수 2배의 역수이면 표본화 신호를 원래 신호로 재생 할 수 있으므로
>
> $$T_s = \frac{1}{2 \times 3400} = \frac{1}{6800}$$

6. 3.4[kHz]의 음성신호를 전송할 때 가장 많은 통화채널을 구성할 수 있는 방식은?

㉮ FM 방식   ㉯ 반송파 방식

㉰ DSB 방식   ㉱ SSB 방식

7. 표본화 정리는 신호가 무한으로 발생한다는 가정 하에서 정의 된 것으로 신호는 유한한 것이기 때문에 오차가 발생한다. 이러한 오차를 무슨 오차라 하는가?

㉮ 절단 오차   ㉯ 반올림 오차

㉰ 엘리어싱   ㉱ 확률 오차

정답 4. ㉯   5. ㉰   6. ㉱   7. ㉮

연습문제

8. 주파수 영역에서 $T_s > \dfrac{1}{2f_M}$ 일 때 스펙트럼이 서로 겹쳐서 발생하는 오차는? (단,

T_s : 표본화 간격, f_M : 신호의 최대 주파수 대역폭)

㉠ 절단 오차 　　　　　　　㉡ 반올림 오차

㉢ 엘리어싱 　　　　　　　㉣ 확률 오차

　해설　 엘리어싱의 감소 대책

　　① 표본화하기 전에 저역필터를 사용하여 고주파 성분을 감소시킨다.

　　② Niquist 보다 높은 속도로 표본화 한다.

　　　※ 표본화 주파수가 $f_s = 2f_M$일 때 나이퀴스트(Niquist) 표본화 주파수라고 한다.

9. 나이퀴스트비를 만족하지 않았을 경우에 발생하는 현상이 아닌 것은?

㉠ aliasing 　　　　　　　㉡ spectrum overlap

㉢ spectrum folding 　　　　㉣ phase shift

10. 다음 중 표본화의 개념을 잘못 설명한 것은? (단, f_M : 신호의 최대 주파수 대역폭)

㉠ 표본화 간격(T_s)는 $T_s \leq \dfrac{1}{2f_M}$ 이여야 한다.

㉡ 표본화 간격이 $T_s = \dfrac{1}{2f_M}$ 일 때 나이퀴스트(Niquist) 표본화 주기라고 한다.

㉢ 표본화 주파수(f_s)는 $f_s \geq f_M$ 이여야 한다.

㉣ 표본화 주파수가 $f_s = 2f_M$ 일 때 나이퀴스트(Niquist) 표본화 주파수라고 한다.

　해설　 표본화 주파수(f_s)는 $f_s \geq 2f_M$ 이여야 한다.

정답　 8. ㉢　　　9. ㉣　　　10. ㉢

11. 다음 중 양자화 간격에 따른 분류에 해당하지 않는 것은?

    ㉮ 선형 양자화   ㉯ 스텝 양자화

    ㉰ 비선형 양자화   ㉱ 적응 양자화

> **해설** 양자화 간격에 따른 분류
>
> ① 선형 양자화(Linear Quantizing) : 양자화 레벨의 간격을 균등하게 설정한 방법이다.
> ② 비선형 양자화(Nonlinear Quantizing) : 양자화 레벨의 간격을 균등하지 않게 설정한 방법이다.
> ③ 적응 양자화(Adaptation Quantizing) : 양자화 레벨의 간격을 신호의 크기에 적합한 레벨로 변위시키는 방법이다.

12. 양자화 잡음의 비율은 입력 진폭에 어떠한가?

    ㉮ 입력 진폭이 작을 때 양자화 잡음이 커진다.

    ㉯ 입력 진폭이 클 때 양자화 잡음이 커진다.

    ㉰ 관계없이 일정하다.

    ㉱ 관계없이 커진다.

> **해설** 양자화 잡음은 신호레벨이 낮을수록 커지고 신호레벨이 높을수록 작아진다.

13. 양자화 잡음은 다음 중 어느 방식에서 주로 발생하는가?

    ㉮ PSK   ㉯ PWM

    ㉰ PAM   ㉱ PCM

정답   11. ㉯   12. ㉮   13. ㉱

14. 다음 중 양자화 레벨(L)을 옳게 나타낸 것은? (단, n : 사용 bit수)

㉮ $L = 2^{n-1}$ ㉯ $L = 2^{n+1}$

㉰ $L = 2^n$ ㉱ $L = 2^{\frac{1}{n}}$

15. 양자화 스텝을 신호 레벨에 관계없이 일정하게 하면 어떻게 되는가?

㉮ 신호 레벨이 낮을수록 신호대 양자화 잡음비가 커진다.
㉯ 신호 레벨이 높을수록 신호대 양자화 잡음비가 작아진다.
㉰ 신호 레벨이 낮을수록 신호대 양자화 잡음비가 작아진다.
㉱ 신호 레벨에 관계없이 일정하다.

해설 신호레벨의 크기와 양자화 잡음비는 역비례관계에 있다. 따라서, 신호레벨이 낮으면 양자화 잡음비가 커진다.

16. 다음 중 양자화 잡음의 전력(P_Q)을 옳게 나타낸 것은? (단, S : 입력신호의 전력)

㉮ $P_Q = \dfrac{S^2}{6}$ ㉯ $P_Q = \dfrac{S^2}{12}$

㉰ $P_Q = \dfrac{S^2}{24}$ ㉱ $P_Q = \dfrac{S^2}{48}$

정답 14. ㉱   15. ㉰   16. ㉯

17. 다음 중 양자화 잡음의 감소 대책으로 옳지 않은 것은?

    ㉮ 양자화 레벨의 간격(N)을 좁게한다.

    ㉯ 변조기를 사용한다.

    ㉰ 비선형 양자화를 한다.

    ㉱ 압신기(Compander)를 사용한다.

> **해설** 양자화 잡음의 감소 대책
>
>   ① 양자화 레벨의 간격(N)을 좁게 한다.
>
>   ② 비선형 양자화를 한다.
>
>   ③ 압신기(Compander)를 사용한다.

18. 다음 중 음성신호의 특성 파라메터를 추출하여 전송/재생하는 방식은?

    ㉮ 보코딩 방식　　　　　　㉯ 파형 부호화 방식

    ㉰ 하이브리드 부호화 방식　　㉱ 변복조 방식

19. 압신기를 사용하는 목적으로 옳은 것은?

    ㉮ 레벨을 높이기 위하여

    ㉯ 전송 손실을 줄이기 위하여

    ㉰ 양자화를 쉽게하기 위하여

    ㉱ 잡음 및 누화를 보상하기 위하여

정답   17. ㉯   18. ㉮   19. ㉱

20. 정보 비트의 전송율(bps)이 일정할 때 채널 대역폭이 가장 넓은 변조 방식은?

㉮ BFSK   ㉯ 16FSK

㉰ 4FSK   ㉱ 8ASK

> **해설** M진 FSK에서 채널 대역폭은 $B = \dfrac{M}{2T}$[Hz]이다.

21. 다음 중 부호화에 관한 설명으로 옳지 않은 것은?

㉮ 잡음 등의 영향을 최소화하기 위하여 사용한다.

㉯ 잡음에 강한 양극성 펄스를 만들기 위하여 사용한다.

㉰ 아날로그 신호를 일정한 레벨로 만드는 것이다.

㉱ 부호화하면 전송로에서 중요한 것은 펄스의 유무이다.

> **해설** 단극성 펄스는 점유주파수 대역폭을 줄이는 장점이 있는 반면 양극성 펄스는 잡음에 강한 장점이 있다.

22. 양측파대 중 상측파대는 억제하고 하측파대만을 전송하는 변조방식은?

㉮ PSK   ㉯ ASK

㉰ FSK   ㉱ QAM

23. 다음 중 신호에 따라 주파수를 변환시키는 변조방식은?

㉮ PSK   ㉯ ASK

㉰ FSK   ㉱ QAM

정답   20. ㉯   21. ㉱   22. ㉯   23. ㉰

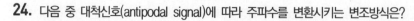

24. 다음 중 대척신호(antipodal signal)에 따라 주파수를 변환시키는 변조방식은?

㉮ PSK   ㉯ ASK

㉰ FSK   ㉱ QAM

25. 비트의 전송속도가 느리며 시스템의 효율이 낮으나 스펙트럼이 협대역이고 잡음에 강한 변조방식은?

㉮ 진폭 편이 변조(ASK)   ㉯ 주파수 편이 변조(FSK)

㉰ 위상 편이 변조(PSK)   ㉱ 진폭 위상 변조(APK)

> **해설** 주파수 편이 변조 방식의 특징
>
> ① 2진(0과 1)의 디지털 신호에 따라서 주파수를 변화시켜 변조시키는 방식이다.
> ② 변조지수>1이면 광대역 FSK, 변조지수<1이면 협대역 FSK라고 한다.
> ③ ASK 보다 변조시 오류가 적다.
> ④ 저속 모뎀의 변조방식으로 사용한다.

26. 수신측에서 BPSK 신호를 복조하기 위해 사용하는 캐리어(carrier)를 발생시키는 회로를 무엇이라 하는가?

㉮ costas loop   ㉯ mixer

㉰ PLL   ㉱ 주파수 변환기

정답   24. ㉯   25. ㉯   26. ㉮

27. 비동기식 변조기에 널리 사용되는 방식은?

　㉮ ASK　　　　　　　　　㉯ FSK

　㉰ PSK　　　　　　　　　㉱ QAM

> **해설**　① 동기식 변조 방식 : 비교적 높은 속도의 데이터 전송에 사용된다. 주로 PSK, QAM
> 　　　　　방식을 사용한다.
>
> 　　　② 비동기식 변조 방식 : 비교적 낮은 속도의 데이터 전송에 사용된다. 주로 FSK 방
> 　　　　　식을 사용한다.

28. 다음 그림과 같은 변조된 파형을 얻을 수 있는 변조 방식은?

　㉮ 진폭 편이 변조 방식(ASK)　　　㉯ 주파수 편이 변조 방식(FSK)

　㉰ 위상 편이 변조 방식(PSK)　　　㉱ 직교 진폭 변조 방식(QAM)

29. 다음 그림과 같은 변조된 파형을 얻을 수 있는 변조 방식은?

　㉮ ASK　　　　　　　　　㉯ FSK

　㉰ PSK　　　　　　　　　㉱ QAM

정답　27. ㉯　　　28. ㉮　　　29. ㉯

30. 다음 그림과 같은 변조된 파형을 얻을 수 있는 변조 방식은?

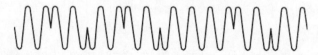

㉮ ASK   ㉯ FSK

㉰ PSK   ㉱ QAM

31. 다음 중 고속의 데이터 전송에 사용되는 변조 방식은?

㉮ ASK   ㉯ FSK

㉰ PSK   ㉱ DPSK

32. 다음 중 진폭과 위상을 변화시켜 데이터를 전송하는 변조방식은?

㉮ ASK   ㉯ FSK

㉰ PSK   ㉱ QAM

33. costas loop에서 사용되는 detector mixer는 어떤 논리회로로 구성되어 있는가?

㉮ OR   ㉯ AND

㉰ NOR   ㉱ EOR

정답 30. ㉰   31. ㉱   32. ㉱   33. ㉱

34. 디지털 통신에서 비동기 검파의 포락선 검파 방식이 가능한 변조방식은?

    ㉮ FSK와 PSK   ㉯ ASK와 FSK

    ㉰ ASK와 PSK   ㉱ PSK와 QAM

    해설 PSK는 동기 검파 방식이다.

35. 다음 중 디지털 데이터의 변조방식으로 적합하지 않은 것은?

    ㉮ ASK   ㉯ FSK

    ㉰ QAM   ㉱ SSB

    해설 주로 저속의 데이터 변조방식에는 ASK 또는 FSK를 사용하고, 고속의 데이터 변조방식에는 PSK, DPSK, QAM을 사용한다.

36. 다음 중 기술적인 실현 타당성이 거의 없어 이용하지 않는 변조방식은?

    ㉮ ASK(진폭 편이 변조)   ㉯ FSK(주파수 편이 변조)

    ㉰ PSK(위상 편이 변조)   ㉱ APSK(절대위상 편이 변조)

    해설 APSK 기술적인 실현 가능성이 적어 이용하지 않고 있으며 일반적으로 DPSK를 많이 이용한다.

정답 34. ㉯   35. ㉱   36. ㉮

37. 다음 그림의 출력신호는 어떤 변조방식의 출력과 같다고 할 수 있는가?

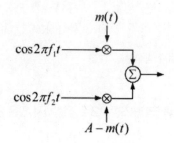

㉮ ASK   ㉯ FSK

㉰ PSK   ㉱ QAM

해설 두 개의 ASK 파형의 중첩으로 FSK를 얻는다.

38. PSK 방식에 대한 설명으로 옳지 않은 것은?

㉮ 전송로에 의한 레벨 변동이 적으며 오류도 적다.

㉯ carrier power는 QPSK가 BPSK의 4배이다.

㉰ PSK 변조파는 constant envelope을 가진다.

㉱ 오류 확률은 QPSK와 BPSK는 같다.

해설 PSK 방식은 constant envelope 특성을 갖기 때문에 레벨 변동이 적고, 오류도 적다. carrier power는 QPSK가 BPSK의 약 2배이며, 오류 확률은 서로 같다.

정답 37. ㉯   38. ㉯

연습문제

39. 다음의 DPSK 방식 중 사용하지 않는 방식은?

  ⑦ 2진 DPSK   ④ 4진 DPSK

  ⑨ 8진 DPSK   ㉑ 16진 DPSK

40. DPSK 방식에서 차동 부호화된 신호 d_k(0011011)이 만들어졌을 때 d_{k-1} 은 어떻게 표시되는가?

  ⑦ 1001101   ④ 1001111

  ⑨ 0110011   ㉑ 1001001

해설 DPSK 방식에서 d_{k-1} 계산 방법

DPSK방식에서는 1비트를 지연시킴으로서 현재의 데이터 비트를 이전의 데이터 비트와 비교한다. 이때 배타적 XNOR의 출력은 두 개의 입력이 같으면 1이고, 다르면 0이 출력된다.

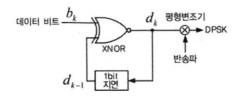

$$d_k = \overline{b_k \oplus d_{k-1}}$$

(DPSK encoding 회로)

정답 39. ㉑   40. ⑦

41. 다음의 상대 위상 편이 변조(DPSK) 방식에서 현재 사용되고 있지 않는 것은?

㉮ DPSK(2 pase) ㉯ DPSK(4 pase)

㉰ DPSK(8 pase) ㉱ DPSK(16 pase)

42. 반송파의 진폭 및 위상을 상호 변환하여 정보를 전송하는 변조방식은?

㉮ ASK ㉯ FSK

㉰ PSK ㉱ QAM

43. 다음 중 반송파 복원 회로(반송파 재생회로)가 필요하지 않은 변조방식은?

㉮ BPSK ㉯ QPSK

㉰ DPSK ㉱ QAM

해설 DPSK 방식에서는 반송파의 기준 위상이 필요없기 때문에 수신된 신호 자체가 기준 위상이 된다. 따라서, DPSK 방식은 현재 수신된 신호의 위상과 이전 신호의 위상을 비교하여 신호를 복조한다.

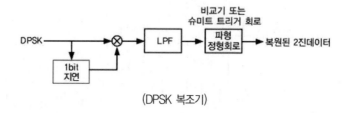

(DPSK 복조기)

정답 41. ㉱   42. ㉱   43. ㉰

44. QPSK 방식과 BPSK 방식을 잘못 비교 설명한 것은?

㉮ QPSK 방식의 주파수 대역폭은 BPSK 방식에 비해 2배이다.

㉯ QPSK 방식의 전송속도가 BPSK 방식에 비해 2배이다.

㉰ QPSK 방식과 BPSK 방식의 비트 오류율은 같다.

㉱ QPSK 방식에 비해 BPSK 방식이 symbol 오류율이 적다.

해설 QPSK(Quadrature PSK) 방식은 90° 위상차를 갖는 BPSK 신호를 동시에 전송하면 4개의 위상을 갖는 신호가 출력된다. 또한, QPSK 방식은 BPSK 방식에 비해 주파수 대역폭이 1/2이다.

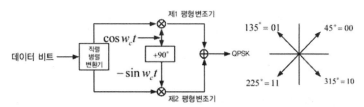

(QPSK 변조기와 위상)(QPSK 변조기와 위상)

45. 다음 중 변조방식과 복조방식의 조합이 잘못된 것은?

㉮ QAM-동기 직교 검파   ㉯ PSK-포락선 검파

㉰ DSPK-비동기 검파   ㉱ QPSK-동기 직교 검파

해설 포락선 검파 방식 : ASK, FSK (PSK는 파형의 복조가 불가능하다.)

46. 다음 중 변조방식과 복조방식의 조합이 잘못된 것은?

    ㉮ ASK-포락선 검파   ㉯ DPSK-동기 검파

    ㉰ QAM-동기 직교 검파   ㉱ QPSK-동기 직교 검파

47. FSK의 동기검파에 PLL(Phase Locked Loop)을 사용하여 국부 발진 주파수를 입력 신호에 동기킨다. 이때, PLL의 구성 요소가 아닌 것은?

    ㉮ 저역 통과 필터   ㉯ 전압 제어 발진기

    ㉰ 위상 검출기   ㉱ 정궤환

> **해설** PLL의 구성 : 위상 검출기, 저역 통과 필터(LPF), 전압 제어 발진기(PLL은 정궤환을 이용한다.)

48. 다음 방식 중 오율이 가장 적은 것은?

    ㉮ PSK   ㉯ DPSK

    ㉰ ASK   ㉱ FSK

> **해설** PSK는 전송로의 레벨 변동에 영향을 적게 받기 때문에 오율이 가장 적다. 또한 오율 확률은 DPSK > BPSK이다.

49. 8진 PSK는 2진 PSK의 오류 확률에 몇 배인가?

    ㉮ 2배   ㉯ 3배

    ㉰ 4배   ㉱ 5배

> **해설** 8진 PSK 오류 확률＝2진 PSK 오류 확률 $\times \log_2 8$ =3배

정답   46. ㉯   47. ㉱   48. ㉮   49. ㉯

50. 잡음이 존재하는 통신로에서 부호 오율이 가장 적은 방식은?

    ㉮ 16ASK   ㉯ 16FSK

    ㉰ 16 QAM   ㉱ 16PSK

> **해설** 같은 M진수에서 오율은 ASK＝FSK＜PSK＜QAM이다.

51. PCM방식의 장점을 옳게 설명한 것은?

    ㉮ 단말장치에 고급 여파기를 사용할 필요가 없다.

    ㉯ 전송로의 잡음에 영향을 많이 받는다.

    ㉰ 광대역 전송로가 필요하다.

    ㉱ 시스템 구성이 복잡하다.

52. 다음 중 PCM 방식의 특징에 대한 설명으로 옳지 않은 것은?

    ㉮ 대용량의 전송이 가능하다.

    ㉯ 전송로에 의한 레벨 변동이 거의 없다.

    ㉰ 단말 장치에 고급 여파기를 사용할 필요가 없다.

    ㉱ 점유 주파수 대역폭이 좁다.

> **해설** PCM 방식의 특징
> ① 대용량의 전송이 가능하다.
> ② 전송로에 의한 레벨 변동이 거의 없다.
> ③ 점유 주파수 대역폭이 넓다.
> ④ 단말 장치에 고급 여파기를 사용할 필요가 없다.
> ⑤ 근거리 시외 통신에 적합하다.

정답 50. ㉰   51. ㉮   52. ㉱

53. 다음의 디지털 변조·복조의 구성도에서 (1)~(4)에 들어갈 장치는?

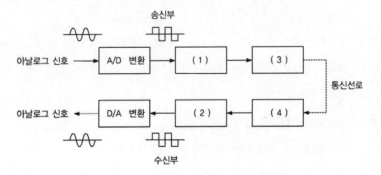

㉮ (1) 부호화, (2) 디지털 변조, (3) 복호화, (4) 디지털 복조

㉯ (1) 디지털 변조, (2) 부호하, (3) 디지털 복조, (4) 복호화

㉰ (1) 디지털 변조, (2) 디지털 복조, (3) 부호화, (4) 복호화

㉱ (1) 부호화, (2) 복호화, (3) 디지털 변조, (4) 디지털 복조

54. PCM 방식에서 표본화는 원래 신호의 최고 주파수의 몇배로 하면 원래 신호를 재생할 수 있는가?

㉮ 1배   ㉯ 2배

㉰ 3배   ㉱ 4배

55. 다음 중 전송로의 PCM 부호를 옳게 나타낸 것은?

㉮ 펄스 변조 2진 부호   ㉯ 펄스 진폭 변조 부호

㉰ 펄스 위치 변조 부호   ㉱ 펄스 변조 4진 부호

정답 53. ㉱   54. ㉯   55. ㉮

56. PCM에 비트 오율의 허용 범위는?

㉮ $10^{-2} \sim 10^{-3}$ ㉯ $10^{-3} \sim 10^{-4}$

㉰ $10^{-4} \sim 10^{-5}$ ㉱ $10^{-5} \sim 10^{-6}$

57. 디지털 데이터를 전송하는 방법 중 아날로그 전송방식이 아닌 것은?

㉮ ASK(Amplitude Shift Keying)

㉯ FSK(Frequency Shift Keying)

㉰ NRZ(Non Return to Zero)

㉱ QAM(Quadrature Amplitude Modulation)

58. M진 ASK 신호에서 비트율 대 전송대역폭의 비는?

㉮ M^2 ㉯ M^3

㉰ $\log_2 M$ ㉱ $\log_2(M+1)$

59. NRZ (Non-Return to Zero) 부호화에 대한 설명으로 옳지 않은 것은?

㉮ 한 비트의 점유율(Duty Sycle)이 50% 이다.

㉯ 입력신호의 0과 1에 대하여 양(+)혹은 음(-)의 펄스로 변화시키는 방식이다.

㉰ NRZ의 종류에는 NRZ-L(Level), NRZ-S(Space), NRZ-M(Mark)가 있다.

㉱ NRZ-L : 0=high level, 1=low level

정답	56. ㉯	57. ㉰	58. ㉰	59. ㉮

해설 NRZ의 한 비트 점유율(Duty Sycle)이 100% 이다. NRZ-L, NRZ-S, NRZ-M은 다음
과 같다.

① NRZ-L : 0=high level, 1=low level

② NRZ-S : 0=interval 중간에 천이가 있음. 1=interval 중간에 천이가 없음

③ NRZ-M : 0=interval 중간에 천이가 없음. 1=interval 중간에 천이가 있음

60. 매 bit의 1/2시간마다 "+" 또는 "-"의 상태로 유턴한 후에 바로 "zero" 상태로
돌아오는 신호 형태를 갖는 것은?

㉮ NRZ (Non-Return to Zero) ㉯ RZ (Return to Zero)

㉰ High-dencity bipolar ㉱ 맨체스터 필터(Manchester Filter)

61. RZ (Return to Zero) 부호화에 대한 설명으로 옳지 않은 것은?

㉮ 한 비트의 점유율(Duty Sycle)이 50%이다.

㉯ 한 비트의 1/2시간마다 + 혹은 - 상태를 유지한 후 Zero 상태로 만드는 방식
이다.

㉰ 단류 RZ, 복류 RZ 방식이 있다.

㉱ 입력 신호의 펄스 유무를 판별하여 입력 신호를 증폭시키고 잡음 신호를 감
소시키는 필터이다.

해설 맨체스터 필터(Manchester Filter)는 입력 신호의 펄스 유무를 판별하여 입력 신호를
증폭시키고 잡음을 감소시키는 특징이 있다.

정답 60. ㉯   61. ㉱

62. 입력 신호의 펄스 유무를 판별하여 입력 신호를 증폭시키고 잡음 신호를 감소시키는 필터는?

㉮ NRZ (Non-Return to Zero)

㉯ RZ (Return to Zero)

㉰ High-dencity bipolar

㉱ 맨체스터 필터(Manchester Filter)

63. NRZ와 RZ를 비교 설명한 것으로 잘못된 것은?

㉮ 신호의 동기면에서 NRZ가 RZ보다 유리하다.

㉯ 잡음의 성능면에서 NRZ가 RZ보다 우수하다.

㉰ RZ가 NRZ보다 넓은 주파수 대역을 필요로 한다.

㉱ duy cycle은 RZ가 NRZ보다 짧다.

해설 RZ가 NRZ보다 동기면에서 유리하고, NRZ는 RZ보다 잡음 성능면에서 우수하다.

64. 전송 부호 방식 중 선 스펙트럼을 갖는 방식은?

㉮ RZ

㉯ NRZ

㉰ HDBN

㉱ BNZS

정답 62. ㉱   63. ㉰   64. ㉮

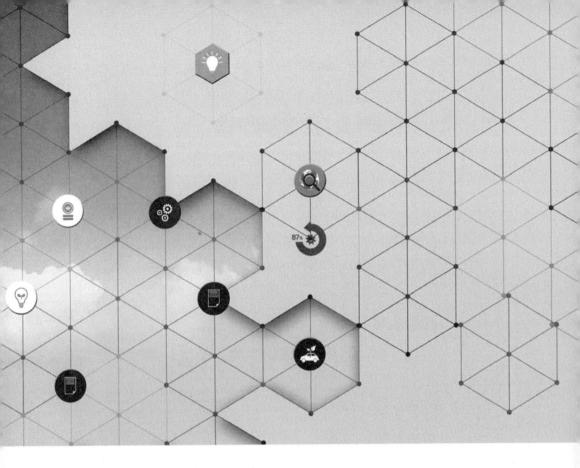

CHAPTER 3

다중화 및 다중접속 방식

3.1 다중화 및 다중접속의 기초

(1) 다중화 및 다중접속의 개념

- 하나의 전송로를 동시에 다수의 통신로를 구성하여 통신할 수 있도록 하는 방식을 말한다.
- 송신측과 수신측이 전송로를 공유하여 접속하는 방식이다.

(2) 다중화 방식의 특징

- 통신선로의 분할이 정적으로 고정되어 있다.

(3) 다중접속 방식의 특징

- 통신선로의 접속이 동적으로 변화한다.

(4) 다중화 및 다중접속의 종류

- 시분할 다중화/다중접속 방식(TDM/TDMA)

  - TDM : Time Division Multiplexing

  - TDMA : Time Division Multiple Access

- 주파수 분할 다중화/다중접속 방식(FDM/FDMA)

  - FDM : Frequency Division Multiplexing

  - FDMA : Frequency Division Multiple Access

- 코드 분할 다중화/다중접속 방식(CDM/CDMA)

  - CDM : Code Division Multiplexing

  - CDMA : Code Division Multiple Access

3.2 시분할 다중화 및 다중접속(TDM/TDMA)

(1) 시분할 다중화의 개념

- TDM : Time Division Multiplexing

- TDMA : Time Division Multiple Access

- 통신회선을 다수의 단말기가 시간적으로 공유하기 위하여 데이터의 전송시간을 타임슬롯(Time Slot)으로 나누어 사용하는 것을 시분할 다중화 방식이라 한다.

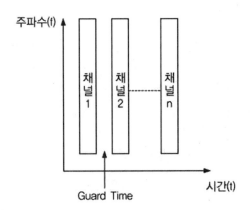

〈그림 3-1〉 시분할 다중화의 개념(TDM)

- 가드 타임(Guard Time) : 채널간의 상호간섭을 방지하기 위하여 사용되는 시간 간격

⑵ **시분할 다중화의 종류**

• **동기 시분할 다중화 방식** : 미리 고정된 타임슬롯을 데이터에 할당하기 때문에 동기적 시분할 다중화 방식이라 한다.

• **통계 시분할 다중화 방식** : 단말기들이 항시 통신회선을 사용하고 있지 않기 때문에 각 단말기의 데이터 전송률의 합보다 통신회선의 데이터 전송률을 작게하여 사용하는 방식이다.

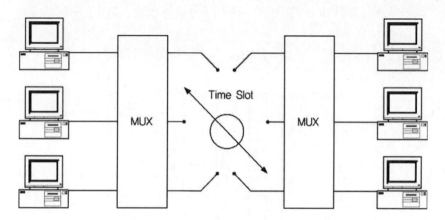

〈그림 3-2〉 시분할 다중화 시스템에서의 스위칭

3.3 주파수 분할 다중화 및 다중접속(FDM/FDMA)

(1) 주파수 분할 다중화의 개념

- **FDM** : Frequency Division Multiplexing

- **FDMA** : Frequency Division Multiple Access

- 주파수 분할 다중화는 전송하려는 신호에서 필요한 주파수 대역폭보다 전송 매체의 유효 대역폭이 큰 경우에 가능한 방식이다.

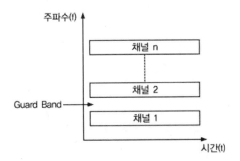

〈그림 3-3〉 주파수 분할 다중화의 개념(FDM)

- **가드밴드(Guard Band)** : 주파수 채널간의 상호 간섭을 방지하기 위하여 사용되는 보호 주파수 대역폭

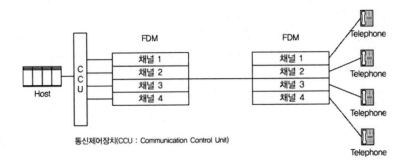

〈그림 3-4〉 주파수 분할 다중화 방식

3.4 코드 분할 다중화 및 다중접속(CDM/CDMA)

(1) 코드 분할 다중화의 개념

• 시간과 주파수를 적절히 분할하여 코드화한 방식이다.

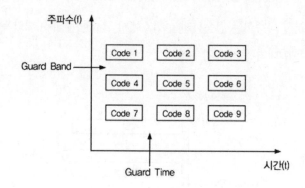

〈그림 3-5〉 코드 분할 다중화의 개념(CDM)

• 신호를 보낼 때 Pseudo-random Sequence에 의하여 인코딩(Encoding)하여 전송하고 수신측에서 같은 시퀀스를 이용하여 디코딩(Decoding) 한다.

• 전송하고자 하는 신호에 각기 다른 코드를 부여하여 전송하는 방식이다.

• 채널을 코드화하여 효율적으로 사용할 수 있기 때문에 가입자의 수용 용량 즉 통신 용량을 극대화 할 수 있다.

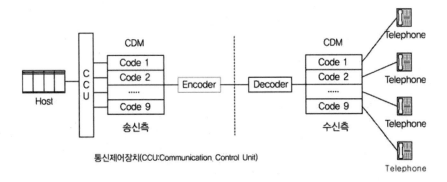

〈그림 3-6〉 코드 분할 다중화 방식

(2) TDM, FDM, CDM의 비교

	TDM	FDM	CDM
통신분야	유선	무선	무선
회로구성	간단	복잡	복잡
통신보안	보통	나쁘다	좋다
사용기기	일반전화	아날로그 핸드폰	디지털 핸드폰, PCS
가입자 용량	보통	보통	크다

1. 다음 중 다중화 장비에 대한 설명으로 옳지 않은 것은?

㉮ 여러개의 신호를 동시에 하나의 채널로 전송하는 방식이다.

㉯ 정적인 공동 이용장치이다.

㉰ 데이터를 병렬 전송하는 장비를 말한다.

㉱ 하나의 물리적 회선을 통하여 전송하는 시스템이다.

해설 다중화란 여러개의 신호를 하나의 채널로 동시에 전송하는 방식을 말한다.

2. 다중화에 대한 설명으로 옳은 것은?

㉮ 다수의 신호에 대응하는 다수의 채널로 전송하는 방식이다.

㉯ 하나의 신호를 다수의 채널로 전송하는 방식이다.

㉰ 하나의 신호를 하나의 채널로 전송하는 방식이다.

㉱ 다수의 신호를 동시에 하나의 채널로 전송하는 방식이다.

3. 다수의 디지털 신호를 하나의 채널로 전송하는 것을 무어이라 하는가?

㉮ 다중화   ㉯ 표본화

㉰ 양자화   ㉱ 부호화

4. 다음 중 다중화 접속 방식이 아닌 것은?

㉮ TDMA   ㉯ FDMA

㉰ FEP   ㉱ CDMA

정답 1. ㉰　2. ㉱　3. ㉮　4. ㉰

5. 시분할 다중화 방식에서 채널간의 상호간섭을 방지하기 위하여 사용되는 시간 간격을 무엇이라 하는가?

㉮ 가드 밴드(guard band) ㉯ 버퍼(buffer)

㉰ 가드 타임(guard time) ㉱ 부호화 타임(coding time)

6. 다음 중 시분할 다중화(TDM)에 대한 설명으로 옳지 않은 것은?

㉮ 포인트 투 포인트 방식에 적합하다.

㉯ 문자 삽입식은 동기식 데이터의 다중화에 이용된다.

㉰ 전송 시간을 일정한 시간폭으로 나누는 방식이다.

㉱ 비트 삽입식은 동기식 데이터의 다중화에 이용된다.

> **해설** 시분할 다중화 방식(TDM : Time Division Multiplexing)
> ① 문자 삽입식 : 비동기식 데이터를 다중화 하는데 이용된다.
> ② 비트 삽입식 : 동기식 데이터를 다중화 하는데 이용된다.

7. 시분할 다중화 방식의 특징은?

㉮ 저속, 고속 단말기를 이용할 수 있다.

㉯ 멀티 포인트 방식에 적합하다.

㉰ 비동기식 데이터를 다중화 하는데 사용된다.

㉱ 채널을 여러개의 대역폭으로 나누어 사용한다.

> **해설** 시분할 다중화 방식의 특징
> ① 전송 시간을 일정한 시간폭으로 나누어 전송하는 방식이다.
> ② 동기 및 비동기식 데이터를 다중화 하는데 사용된다.
> ③ 비트 삽입식과 문자 삽입식이 있다.
> ④ 시스템 구성이 간단하고, 저속, 고속 단말기를 이용할 수 있다.
> ⑤ 포인트 투 포인트(point to point) 방식에 적합하다.

정답 5. ㉰   6. ㉯   7. ㉮

8. 다음 그림은 어떤 다중화 방식을 나타낸 것인가?

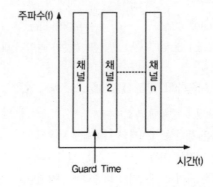

㉮ 공간 분할 다중화 방식   ㉯ 코드 분할 다중화 방식

㉰ 시분할 다중화 방식   ㉱ 주파수 분할 다중화 방식

9. 시분할 다중화 방식에 대한 설명으로 옳지 않은 것은?

㉮ 동기신호가 필요하다.

㉯ 신호가 겹치지 않기 위해서는 표준화 속도가 커야 한다.

㉰ 주로 유선통신에 사용된다.

㉱ 주파수 분할 다중화 방식에 비해 구조가 복잡하다.

10. 여러 개의 타임슬롯(time slot)으로 프레임을 구성하고 각 타임슬롯에 채널을 할당하는 다중화 방식은?

㉮ PCM   ㉯ TDM

㉰ FDM   ㉱ CDM

정답   8. ㉰   9. ㉱   10. ㉯

11. 다음 중 시분할 다중화 방식이 아닌 것은?

    ㉮ PAM   ㉯ PCM

    ㉰ PWM   ㉱ FDM

12. 주파수 분할 다중화 방식에 대한 설명으로 옳지 않은 것은?

    ㉮ 가드 밴드를 사용하기 때문에 주파수 이용률이 낮아진다.

    ㉯ 시분할 다중화 방식에 비해 시스템은 복잡하나 가격은 저렴하다.

    ㉰ 전송 시간을 일정한 시간폭으로 나누어 전송하는 방식이다.

    ㉱ 한정된 주파수 대역을 여러개의 주파수 대역으로 나누어 사용한다.

13. 주파수 분할 다중화 방식에서 채널간의 상호간섭을 방지하기 위하여 사용되는 보호
주파수 대역폭을 무엇이라 하는가?

    ㉮ 가드 밴드(guard band)   ㉯ 버퍼(buffer)

    ㉰ 가드 타임(guard time)   ㉱ 부호화 타임(coding time)

> **해설** 가드밴드(guard band)의 장단점
>
> ① 장점 : 주파수 채널간의 상호 간섭을 방지할 수 있다.
>
> ② 단점 : 일정폭의 주파수 대역을 할당해야 함으로 주파수 이용률이 낮아진다.

14. 다음 다중화 방식 중에 스텍트럼 확산 통신 방식을 이용하는 것은?

    ㉮ 공간 분할 다중화 방식   ㉯ 코드 분할 다중화 방식

    ㉰ 시분할 다중화 방식   ㉱ 주파수 분할 다중화 방식

정답   11. ㉱   12. ㉯   13. ㉮   14. ㉯

15. 다음 중 주파수 분할(FDM)에 대한 설명으로 옳지 않은 것은?

㉮ 여러 신호를 직렬변환방식으로 전송할 수 있게 한다.

㉯ 음성신호를 전송할 경우에 9600bps의 전송속도가 이용된다.

㉰ 주파수 분할 방식 자체에서 변조와 복조를 수행함으로 별도의 모뎀이 필요 없다.

㉱ 한정된 통신 채널의 주파수 대역을 여러개의 채널로 나누어 사용한다.

> **해설** 주파수 분할 다중화 방식(FDM)은 1200bps이하의 비동기식 데이터를 다중화 하는데 이용된다.

16. 다음 그림은 어떤 다중화 방식을 나타낸 것인가?

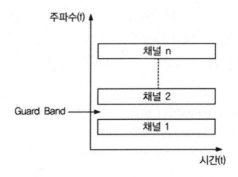

㉮ 공간 분할 다중화 방식 ㉯ 코드 분할 다중화 방식

㉰ 시분할 다중화 방식 ㉱ 주파수 분할 다중화 방식

17. 주파수 분할 다중화 방식에 대한 설명으로 옳지 않은 것은?

㉮ 반송 주파수는 각 신호의 대역폭이 겹치지 않도록 충분히 넓어야 한다.

㉯ 전송 매체에 사용하는 신호는 아날로그 신호이다.

㉰ 채널간의 상호간섭을 방지하기 위하여 가드밴드(guard band)가 필요하다.

㉱ 전송 매체의 대역폭 보다 전송하고자 하는 신호의 대역폭이 클 때 사용한다.

해설 주파수 분할 다중화 방식의 특징

① 반송 주파수는 각 신호의 대역폭이 겹치지 않도록 충분히 분리되여야 한다.

② 전송 매체에 사용하는 신호는 아날로그 신호이다.

③ 채널간의 상호간섭을 방지하기 위하여 가드밴드(guard band)가 필요하다.

④ 서로 다른 반송 주파수로 변조되는 신호는 동시에 전달 할 수 있다.

⑤ 전송 매체의 대역폭이 전송하고자 하는 신호의 대역폭 보다 커야 한다.

18. 코드 분할 다중화 방식에 대한 설명으로 옳지 않은 것은?

㉮ 시간과 주파수를 적절히 분할하여 코드화한 방식이다.

㉯ 신호를 보낼 때 Pseudo-random Sequence에 의하여 인코딩(Encoding)하여 전송하고 수신측에서 같은 시퀀스를 이용하여 디코딩(Decoding) 한다.

㉰ 전송하고자 하는 신호에 각기 같은 코드를 부여하여 전송하는 방식이다.

㉱ 채널을 코드화 하여 효율적으로 사용할 수 있기 때문에 가입자의 수용 용량 즉 통신 용량을 극대화 할 수 있다.

해설 코드 분할 다중화 방식은 전송하고자 하는 신호에 각기 다른 코드를 부여한다.

정답 17. ㉱   18. ㉰

19. 스텍트럼 확산 통신 방식에 대한 설명으로 옳지 않은 것은?

㉮ 전력 스펙트럼 밀도가 낮기 때문에 전파의 간섭 및 페이딩에 약하다.

㉯ 신호의 스펙트럼을 넓은 주파수 대역으로 확산시켜 전송한다.

㉰ 통신 보안이 강한 방식이다.

㉱ 복수의 사용자에 의한 불규칙한 다원 접속이 가능하다.

> **해설** 스펙트럼 확산 통신 방식은 전파의 간섭 및 페이딩에 강하다.

20. 스펙트럼 확산 통신 방식의 특징을 잘못 설명한 것은?

㉮ 전파의 간섭에 강한 방식이다.

㉯ 선택성 페이딩에 강하다.

㉰ 다수의 사용자를 수용할 수 있는 방식이다.

㉱ 비화성 통신에 부적합하다.

> **해설** 스펙트럼 확산 통신 방식의 특징
> ① 전파의 간섭에 강한 방식이다.
> ② 선택성 페이딩에 강하다.
> ③ 다원접속이 가능하다.
> ④ 비화성 통신에 적합하다.

21. 다음 중 스펙트럼 확산 통신 방식에 해당하지 않는 것은?

㉮ 선형 예측 방식(LP)   ㉯ 직접 확산 방식(DS)

㉰ 주파수 도약 방식(FH)   ㉱ 시간 도약 방식(TH)

정답 19. ㉮   20. ㉱   21. ㉮

22. 직접 확산 방식(DS)에 대한 설명으로 옳지 않은 것은?

㉮ PN code는 확산 및 역확산에 필요하다.

㉯ PN code는 서로 직교 관계가 있다.

㉰ 확산 과정에서 사용된 PN code와 역확산 PN code가 일치하면 0, 불일치하면
1이 된다.

㉱ 선택적 통신이 가능하다.

해설 PN code가 일치하면 1, 불일치하면 0이 된다.

23. 다음 그림은 어떤 다중화 방식을 나타낸 것인가?

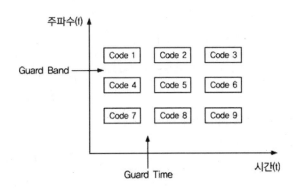

㉮ 공간 분할 다중화 방식　　　㉯ 코드 분할 다중화 방식

㉰ 시분할 다중화 방식　　　　 ㉱ 주파수 분할 다중화 방식

정답　22. ㉰　　　23. ㉯

24. 직접 확산 방식(DS)의 장단점을 잘못 설명한 것은?

ⓐ 선택성 페이딩에 강하다.　　　　　　ⓑ 전파 간섭에 강하다.

ⓒ 동기 신호의 포착 시간이 짧다.　　　ⓓ 통신 보안이 우수하다.

  해설 직접 확산 방식에서 사용하는 PN code의 길이가 길어 동기 신호를 포착하는 시간이 길다.

25. 주파수 도약 방식(FH)에 대한 설명으로 옳지 않은 것은?

ⓐ 출력 주파수는 PN code에 의하여 결정된다.

ⓑ 출력 신호를 frequency hopping pattern이라 한다.

ⓒ 주파수 대역 확산을 위하여 주파수 도약을 이용한다.

ⓓ 데이터 변조 방식에 PSK 방식을 사용한다.

  해설 주파수 도약 방식(FH : frequency hopping)의 데이터 변조에는 FSK 방식을 사용한다.

26. PN code가 가져야 하는 특성이 아닌 것은?

ⓐ convolution 특성　　　　　　ⓑ correlation 특성

ⓒ balance 특성　　　　　　　　ⓓ run 특성

27. 8단 귀환 shift register로 구성된 PN code 발생기의 출력 데이터 계열의 주기는?

ⓐ 32　　　　　　　　　　　　ⓑ 64

ⓒ 128　　　　　　　　　　　　ⓓ 255

  해설 $2^8 - 1 = 255$

정답　24. ⓒ　　　25. ⓓ　　　26. ⓐ　　　27. ⓓ

28. 다음의 TDM, FDM, CDM 비교 분석표의 (1), (2), (3) 안에 들어갈 용어를 옳게 나타
낸 것은?

	TDM	FDM	CDM
통신분야	유선	무선	무선
회로구성	(1)	복잡	복잡
통신보안	보통	나쁘다	(2)
사용기기	일반전화	아날로그 핸드폰	디지털 핸드폰, PCS
가입자 용량	보통	보통	(3)

㉮ (1) 간단, (2) 보통, (3) (작다)   ㉯ (1) 복잡, (2) 좋다, (3) (작다)

㉰ (1) 간단, (2) 좋다, (3) (크다)   ㉱ (1) 복잡, (2) 보통, (3) (크다)

CHAPTER 4

전송선로

4.1 전송선로의 개념과 기본공식

(1) 전송매체

① 유선 전송 선로

- 정보전송을 위하여 유선통신 방식에 사용되는 전송매체
- 트위스트 페어, 동축케이블, 광케이블 등

② 무선 전송 선로

- 정보전송을 위하여 무선통신 방식에 사용되는 전송매체
- 전자파, 공기 등

(2) 전송선로의 기본 공식

① 통신 속도의 단위

- **비트(Bit)** : 정보를 0과 1로 표현하는 최소 단위이다.
- **보오(Baud)** : 신호의 변조 속도로서 매초 전송할 수 있는 부호 단위수를 의미한다.

$$Baud = \frac{1}{T}[Baud]$$

- **비피에스(bps)** : 1bps=1bit/sec는 1초에 1bit 전송함을 표현한다.

$$bps = n \times Baud \ (n : 신호당 비트수)$$

NOTE 통신속도를 개선하는 방법

- 주파수 대역폭을 넓게 한다.
- 신호당 비트수를 크게 한다.
- 전송 부호의 단위수를 적게 한다.

---

② 통신 신호의 크기

• **데시벨(Decibel)** : 상용대수를 기초로 한 전송 회선에 흐르는 전류, 전압, 전력의 레벨을 나타내는 값이다.

$$D[dB] = 10\log_{10}\frac{P_1}{P_2} = 20\log_{10}\frac{V_1}{V_2}$$

P_1 : 송신측의 전력,　　P_2 : 수신측의 전력

V_1 : 송신측의 전압,　　V_2 : 수신측의 전압

$$[P = VI = V(\frac{V}{R}) = \frac{V^2}{R}\ ]$$

• **네퍼(Neper)** : 자연대수를 기초로 한 전송회선에 흐르는 전류, 전압, 전력의 레벨을 나타내는 값이다.

$$N[Nep] = \frac{1}{2}\log_e\frac{P_1}{P_2} = \log_e\frac{V_1}{V_2} = \log_e\frac{I_1}{I_2}$$

P_1 : 송신측의 전력,　　P_2 : 수신측의 전력

V_1 : 송신측의 전압,　　V_2 : 수신측의 전압

I_1 : 송신측의 전류,　　I_2 : 수신측의 전류

• 1[Nep]≒8.686[dB]

• 1[dB]≒0.115[Nep]

③ 통신회선의 용량

$$C[bps] = W\log_2(1+\frac{S}{N})$$

W : 주파수 대역폭　　S : 신호의 전력　　N : 잡음의 전력

④ 전송 효율

$$전송효율 = \frac{정보펄스수}{전체펄스수}$$

⑤ 코드 효율

$$코드효율 = \frac{정보비트수}{전체비트수}$$

(3) 전송선로의 정수

① 1차 정수

통신선로에 포함된 R, L, C, G 등에 의하여 결정되는 통신선로의 정수

- **저항(R)** : $\varOmega/m$

- **인덕턴스(L)** : H/m

- **정전용량(C)** : F/m

- **콘덕턴스(G)** : $\mho/m$

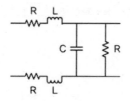

〈그림 4-1〉 전송선로의 정수를 나타내는 2선 등가회로

② 2차 정수

통신선로의 전송 특성을 나타내는 정수이다. 1차 정수와 주파수에 의하여 결정된다.

- **전파 정수(γ)** : 통신선로의 전파특성을 나타내는 정수

$$\gamma = \alpha + j\beta$$

- **감쇠 정수(α)** : 통신선로에 흐르는 전류의 감쇠 정도를 나타내는 정수

$$\alpha = \alpha_R + \alpha_S \ [\text{Nep/m}]$$

$$\alpha_R = \frac{R}{2}\sqrt{\frac{C}{L}} \ \text{(저항 감쇠정수)} \qquad \alpha_S = \frac{S}{2}\sqrt{\frac{L}{C}} \ \text{(누설 감쇠정수)}$$

- **위상 정수(β)** : 통신선로에 전파되는 신호의 속도를 나타내는 정수

$$\beta = \omega\sqrt{LC} \ [\text{rad/m}]$$

- **특성 임피던스(Z)** : 통신선로에 전파되는 신호의 흐름(좋고, 나쁨)을 나타내는 정수

$$Z = \sqrt{\frac{R+j\omega L}{G+j\omega C}} \ [\Omega]$$

💡**NOTE**   1차정수, 2차정수와 주파수와의 관계

① 1차 정수와 주파수(f)의 관계
- 저항(R) : $\sqrt{f}$에 비례한다.
- 인덕턴스(L) : $\sqrt{f}$ 에 비례한다.
- 정전용량(C) : 일정하다.
- 콘덕턴스(G) : f에 비례한다.

② 2차 정수와 주파수(f)의 관계
- 저항 감쇠 정수(α_R) : $\sqrt{f}$에 비례한다.
- 누설 감쇠 정수(α_S) : f에 비례한다.
- 위상 정수(β) : f에 비례한다.
- 특성 임피던스(Z) : $\frac{1}{\sqrt{f}}$에 비례한다. (중간 주파수, 80Hz ~ 20kHz)

높은 주파수와 낮은 주파수에서는 일정하다.

⑷ 전송선로의 반사계수와 정재파비

- 반사계수(r) : $r = \left| \dfrac{Z_R - Z}{Z_R + Z} \right|$ (Z_R : 부하 임피던스, Z : 전송선로의 특성 임피던스)

- 정재파비(S) : $S = \dfrac{1 + |r|}{1 - |r|}$ (r : 반사계수)

⑸ 전송선로의 손실

① 왜곡(Distortion)

신호가 전송선로를 통하여 전송되는 과정에서 변하는 것을 왜곡이라 한다.

- 감쇠 왜곡(Attenuation Distortion) : 신호의 세기가 변하여 발생하는 왜곡을 감쇠 왜곡이라 한다.

- 위상 왜곡(Phase Distortion) : 신호의 위상이 주파수에 대하여 비직선적으로 변하여 발생하는 것을 위상 왜곡이라 한다.

- 지연 왜곡(Delay Distortion) : 전송선로의 지연값이 주파수에 대하여 일정하지 않기 때문에 발생한다.

② 누화(Crosstalk)

- 서로 다른 경로의 통신선로의 신호가 간섭하는 현상을 말한다.

③ 잡음(Noise)

- 열 잡음(Thermal Noise) : 도체에서 전자의 불규칙한 운동으로부터 일어나는 전기적인 잡음

- 산탄 잡음(Shot Noise) : 전자장치에 흐르는 전류의 이산적인 특성 때문에 일어나는 잡음이다.

- **백색 잡음(White Noise)** : 전력 스펙트럼 밀도가 전 주파수 대역에 고루 분포되어 있는 잡음

- **상호변조 잡음(Intermodulation Noise)** : 서로 다른 신호의 주파수가 상호 간섭함으로서 발생하는 잡음

- **충격 잡음(Impulse Noise)** : 외부로부터의 물리적인 충격에 의하여 발생하는 잡음이다.

 전송선로에서의 신호의 손실 3요소

① 왜곡(Distortion) ② 누화(Crosstalk) ③ 잡음(Noise)

NOTE 열잡음과 산탄잡음의 전력

- 열잡음 : $P_T = kTW$

  k : 볼쯔만 상수, 1.38×10^{-23} [J/ ° K]

  T : 절대온도 [℃]

  W : 주파수 대역폭 [Hz]

- 산탄잡음 : $P_S = \sum_{i=\infty}^{\infty} h(t - \tau_i)$

  $h(t - \tau_i)$: 시각 τ_i에서 발생된 전류펄스

⑹ 전송선로의 무손실과 무왜곡 조건

① 무손실 조건

- 저항(R) : R=0

- 콘덕턴스(G) : G=0

- 감쇠정수(α) : $\alpha = 0$

- 위상정수(β) : $\beta = \omega\sqrt{LC}$

- 특성 임피던스(Z) : $Z = \sqrt{\dfrac{L}{C}}$

② 무왜곡 조건

- RC=LG 조건에서는 감쇠정수(α)와 특성 임피던스(Z)는 사용 주파수에 관계 없이 일정하고 위상정수(β)는 주파수에 비례한다.

- 감쇠정수(α) : $\alpha = \sqrt{RG}$

- 위상정수(β) : $\beta = \omega\sqrt{LC}$

- 특성 임피던스(Z) : $Z = \sqrt{\dfrac{C}{L}}$

⑺ 전송선로의 분류

① 유선 전송 선로

- 평형 케이블(Balance Cable)

- 장하 케이블(Loaded Cable)

- 트위스트 페어(Twisted Pair)

- 동축 케이블(Coaxial Cable)

- 광섬유 케이블(Optical Fiber Cable)

유선 전송 선로에서 나타나는 효과

- 표피효과(Skin Effect) : 전류가 도선의 표면에 집중되어 흐르는 현상. 주파수가 높을수록 표피효과는 커진다.
- 근접효과(Proximity Effect) : 근접한 도체의 부분에 전류가 집중되는 현상 . 주파수가 높을수록 근접효과는 커진다.

② 무선 전송 선로

- 지상 마이크로파(Microwave)

- 위성 마이크로파(Satellite Microwave)

- 라디오 마이크로파(Radio Microwave)

4.2 유선 전송선로

유선 전송선로에는 대표적으로 트위스트 페어, 동축 케이블, 광섬유 케이블이 있다. 일반적으로는 트위스트 페어와 동축 케이블을 많이 사용하고 있으나 정보 산업의 발달과 함께 광섬유 케이블의 사용이 나날이 늘어나고 있다.

〈표 4-1〉 유선 전송선로의 특성

유선 전송매체	주파수 대역폭	전송속도	중계기 설치구간	주 사용매체
트위스트 페어	250kHz	4Mbps	10km 이하	음성
동축 케이블	350MHz	500Mbps	10km 이하	영상
광섬유 케이블	2GHz	2Gbps	10~100km	음성, 영상, 데이터

(1) 트위스트 페어(Twisted Pair)

① 트위스트 페어의 형태

- 가장 흔히 사용되는 통신회선으로 누화현상을 줄이기 위하여 피복된 동선을 묶어 꼬이게 하여 만든다.
- 대칭적인 2개의 전기선을 꼬아 만든 것으로 전기선 상호간의 접촉을 방지하기 위하여 알루미늄과 같은 절연체를 사용하여 만들기도 한다.
- 평형 케이블(Balance Cable)이라 한다.

② 트위스트 페어의 종류

- **단쌍(쌍연)** : 2개의 심선을 꼬아 만든다.

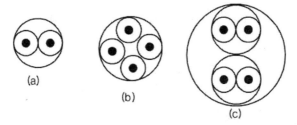

〈그림 4-2〉 트위스트 페어의 단면도 (a) 단쌍 (b) 성형쿼드 (c) DM쿼드

- **DM 쿼드** : 쌍연 2개를 4개의 심선과 함께 1개의 단위로 묶어 만든다.

- **성형 쿼드** : 쌍연 2개를 8개의 심선과 함께 1개의 단위로 묶어 만든다.

> 💡 **NOTE** 　**트위스트 페어의 특징**
>
> - 가장 흔히 사용되는 통신회선이다.
> - 신호의 간섭이나 잡음에 약하다.

(2) 장하 케이블(Loaded Cable)

- **연속장하** : 도선 위에 자성재료를 균일하게 감아주는 방식으로 평등장하 또는 Krarup 장하라고도 한다.

- **집중장하** : 일정간격(약 1.8km)마다 코일을 직렬로 삽입하는 방식이다.

〈그림 4-3〉 장하 케이블의 코일 삽입

(3) 동축 케이블(Coaxial Cable)

① 동축 캐이블의 개요

- 2개의 도체(내부도체, 외부도체)와 절연체로 구성되어 있다.

- 도시간 대용량의 통신회선을 연결할 때 주로 사용된다.

- 주파수 대역폭이 넓어 통신용량이 큰 통신회선에 적합하다.

② 동축 케이블의 구조

- 동축 케이블은 외부도체, 내부도체, 절연체(PE 절연 테이프)로 구성되어 있다.

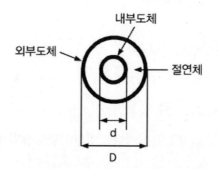

d : 내부도체 직경   D : 외부도체 직경

〈그림 4-4〉 동축케이블의 구조

③ 동축 케이블의 특징

- 전송 효율이 좋다.

- 전송 손실이 적다.

- 누화현상이 적다.

- 높은 내전압을 갖는다.

- 도체저항이 적다.

④ 동축 케이블의 종류

- **표준 동축 케이블** : 다중화 방식의 전송선로에 사용한다.(직경이 약 9.5mm)

  - S형 동축 케이블

  - W형 동축 케이블

- **세심 동축 케이블** : 장거리 광대역 전송에 사용된다.(직경이 약 4.4mm, 5.6mm)

⑤ 동축 케이블의 1차 정수

- **저항(R)** : $R = (\dfrac{dD}{d+D})\sqrt{\dfrac{\mu_o f \rho}{\pi}}$ [Ω/m] ρ : 저항율 ($\sqrt{f}$ 에 비례한다)

- **인덕턴스(L)** : $L = \dfrac{\sqrt{\mu_0}}{2\pi} log_e \dfrac{D}{d}$ [H/m]

- **정전용량(C)** : $C = \dfrac{2\pi\epsilon}{\log_e \dfrac{D}{d}}$ [F/m]

⑥ 동축 케이블의 2차 정수

· 감쇠정수(α) : $\alpha = \dfrac{\sqrt{f}}{d}$ ($\sqrt{f}$ 에 비례한다)

· 위상정수(β) : $\beta = \omega\sqrt{LC}$ (f 에 비례한다)

· 특성 임피던스(Z) : $Z = \dfrac{\sqrt{L}}{C}$

💡 **NOTE**   동축케이블의 최적비와 전파의 속도

① 동축 케이블의 외부도체와 내부도체 직경의 최적비
  · 신호의 감쇠를 최소화하기 위한 외부도체와 내부도체 직경의 최적비$\left(\dfrac{D}{d}\right)$는 3.6
  이다.
  최적비 $= \dfrac{D}{d} = 3.6$

② 동축 케이블내에서의 전파의 속도
  · $v = \dfrac{3 \times 10^8}{\sqrt{\epsilon}} = \dfrac{1}{\sqrt{LC}}$

---

⑦ 동축 케이블의 용도

· 광대역 전송로

· 장거리 전화

· TV

· LAN(근거리 네트워크)

· 단거리 시스템 링크

⑷ 광섬유 케이블(Optical Fiber Cable)

① 광섬유 캐이블의 개요

• 전송신호인 광신호를 사용하는 전송선로이다.

• 주파수 대역폭이 넓어 정보량이 많은 화상신호 전송에 사용된다.

• 신호의 손실이 적어 장거리 통신용으로 사용된다.

② 광섬유 케이블의 구조

• **코어(Core)** : 광신호를 전달하는 영역으로 굴절율이 매우 큼

• **클레드(Clad)** : 코어에 입사된 광신호가 밖으로 빠져나가지 못하도록 코어의 굴절율 보다 약간 낮은 굴절율을 갖는다.

• **코팅(Coating)** : 코어와 클래드를 외부로부터 보호하기 위해 피복으로 감싸준다.

〈그림 4-5〉 광섬유 케이블의 구조

③ 곽섬유 케이블의 파라메터

- **수광각**($2\theta_{max}$) : 광신호가 광섬유 케이블에 입사될 수 있는 각도를 수광각이라 한다.

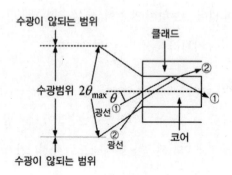

〈그림 4-6〉 광섬유 케이블의 광신호 도파 원리

- **비굴절율차**(ρ) : 코어와 클래드의 굴절율차를 말한다.

$$\rho = \frac{n_1 - n_2}{n_1}$$

n_1 : 코어의 굴절율 $\qquad\qquad$ n_2 : 클래드의 굴절율

- **개구수**(NA : Numerical Aperture) : 광섬유가 광신호를 최대로 모을 수 있는 입사각의 조건을 말한다.

$$NA = \sin\theta_{max} = \sqrt{n_1^2 - n_2^2} = n_1\sqrt{2\rho}$$

- **규격화 주파수**(f) :

$$f = \beta r \sqrt{n_1^2 - n_2^2}$$

β : 위상정수 $\qquad\qquad$ r : 광섬유의 바지름

- **군속도(GV : Group Velocity)** : 광신호를 전달하는 속도

$$GV = \frac{1}{n_1} cos\theta$$

θ : 광신호의 입사각

- **위상속도(PV : Phase Velocity)** : 광신호 패턴이 전달되는 속도, 즉 광신호의 동일 위상이 반복되는 시간과 거리와의 비를 말한다.

④ 광섬유 케이블의 전반사 및 임계각

- **전반사** : 광신호의 입사파가 매질2로 굴절됨이 없이 매질1으로 반사되는 현상을 전반사라 한다.

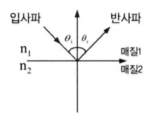

θ_i : 매질1의 입사각 θ_r : 매질1의 반사각

〈그림 4-7〉 전반사

🔅**NOTE**   전반사가 일어나기 위한 조건

- 코어와 클래드의 입사각이 임계각 보다 클 때

- 임계각(CA : Critical Angle) : 전반사가 일어날 때 광신호의 최소 입사각을 임계각이라 한다.

$$CA = \sin^{-1}\frac{n_2}{n_1}$$

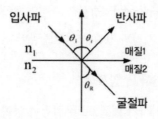

θ_i : 매질1의 입사각   , θ_r : 매질1의 반사각, θ_R : 매질2의 굴절각

〈그림 4-8〉 반사파와 굴절파

> **NOTE 스넬(Snell's)의 법칙**
>
> - 서로 다른 굴절율의 경계면에서 광신호가 입사되면 투과 및 반사현상이 일어나는 것을 스넬의 법칙이라 한다.

⑤ 광섬유의 종류

- 전송 모드에 따른 분류

  - 단일 모드(Single Mode)

    ‣ 코어(Core)내에 광신호가 직진하는 특성만을 갖는다.

    ‣ 코어내에 광신호가 전파하는 모드가 1개이다.

    ‣ 고속, 대용량의 전송에 적합하다.

    ‣ 모드간에 간섭이 없다.

    ‣ 직경이 작아 제작이 어렵다.

- **다중 모드(Multi Mode)**

  ‣ 코어내에 광신호가 직진, 반사 등 여러 개의 광신호가 존재한다.

  ‣ 모드간의 간섭이 있다.

  ‣ 고속, 대용량 전송이 불가능하다.

  ‣ 직경이 크기 때문에 제작이 쉽다.

- **굴절율에 따른 분류**

  - **계단형(Step Index)** : 코어와 클래드간의 굴절율 분포가 계단 모양이며 복수개의 전파모드를 갖는다.

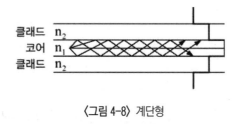

〈그림 4-8〉 계단형

  - **언덕형(Graded Index)** : 코어와 클래드간의 굴절율 분포가 완만한 언덕 모양이다.

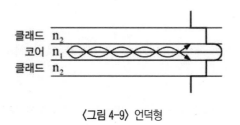

〈그림 4-9〉 언덕형

  - **삼각형(Triangular Index)** : 코어와 클래드간의 굴절율 분포가 삼각형 모양을 하고 있다.

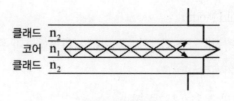

〈그림 4-10〉 삼각형

- **형태에 따른 분류**

  - 슬롯형(Slot Type)

  - 리본형(Ribbon Type)

  - 스트랜드형(Strand Type)

  - 단일 유닛형(Single Unit Type)

⑥ 광섬유 케이블의 분산(Dispersion) 특성

광섬유 케이블에 광신호가 도파되는 과정에서 광 펄스가 변형되어 정보 전송용량이 제한되는 것을 분산이라 한다. 분산에는 모드내 분산(색 분산)과 모드간 분산이 있다.

- **모드내 분산(색 분산)** : 광신호의 파장이 달라 광신호의 진행속도가 다를 때 발생한다.

  - **재료분산** : 광섬유 재료의 굴절율이 파장에 따라서 변화함으로서 발생하는 분산이다.

  - **구조분산** : 광섬유가 구조적으로 변화하여 광신호의 굴절율 각이 파장에 따라 변화함으로서 발생하는 분산이다.

- **모드간 분산** : 모드간에 전파되는 광신호의 속도차 때문에 발생한다.

⑦ 광섬유 케이블의 손실(Loss) 특성

광섬유 케이블 도파하는 광신호가 원래의 신호와 달리 변형되었을 때 손실되었다고 하는데, 손실 원인으로는 재료 및 전기적인 특성에 의한 손실과 광섬유 케이블의 사용조건에 의한 손실로 구분할 수 있다.

- **구조 손실**
  - **불균등 손실** : 코어와 클래드 경계면의 불균일 때문에 발생되는 손실이다.
  - **곡률 손실** : 광섬유 케이블이 구부러져 발생하는 손실이다.
  - **마이크로 밴딩(Micro Bending) 손실** : 광섬유 케이블의 외피에 가해지는 압력이 불균등하여 발생하는 손실이다.

- **재료 손실**
  - **흡수 손실** : 광섬유에 포함된 불순물에 의하여 광신호가 열로 전환되는 현상으로 발생하는 손실이다.
  - **산란 손실** : 광섬유 재질의 밀도, 성분등이 불균일로 굴절율이 변화하여 발생하는 손실이다.
    ‣ **레일리(Rayleigh) 산란 손실** : 미소한 굴절율의 흔들림에 의하여 발생
    ‣ **라만(Raman) 산란 손실** : 분자의 고유진동 때문에 주파수가 산란되어 발생
    ‣ **브릴로인(Brillouin) 산란 손실** : 재료의 구조적인 불균일 때문에 발생하는 손실

- **회선 손실**
  - **접속 손실** : 광섬유를 전기적인 접속시에 발생하는 손실이다.
  - **결합 손실** : 광섬유를 전기적인 회로 소자에 결합할 때 발생하는 손실이다.

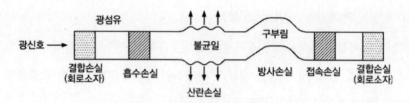

〈그림 4-11〉 광섬유 케이블의 손실

⑧ 광섬유 케이블의 장단점

• 장점

- 고속, 대용량의 정보전송에 적합하다.

- 신호의 손실이 적어 장거리 정보전송에 적합하다.

- 외부로부터의 신호간섭이 적다.

- 가볍고, 경제적이다.

• 단점

- 외부로부터의 충격에 약하다.

- 분산현상이 있다.

- 광 중계기의 전원공급을 위한 급전선이 필요하다.

4.3 무선 전송선로

무선 전송선로는 무선송수신장치와 무선 안테나로 구성되어 있으며 사용하는 주파수대역에 따라서 지상 마이크로파, 위성 마이크로파(위성통신), 라디오 마이크로파로 구분한다.

〈표 4-2〉 주파수 분류

구 분	주파수 범위	전파형태	용도
저장파(VLF : Very Low Frequency)	3kHz ~ 30kHz	직접파	군사용
장파(LF : Low Frequency)	30kHz ~ 300kHz	직접파	무선항행
중파(MF : Medium Frequency)	300KHz ~ 3,000kHz	직접파, 반사파	방송, 선박
단파(HF : High Frequency)	3MHz ~ 30MHz	반사파	장거리통신
초단파(VHF : Very High Frequency)	30MHz ~ 300MHz	반사파, 산란파	다중통신, FM
극초단파(UHF : Ultra High Frequency)	300MHz ~ 3GHz	반사파, 산란파	다중통신, 레이더
마이크로웨이브 (SHF : Super High Frequency)	3GHz ~ 30GHz	직접파	위성통신, 레이더
밀리미터파 (EHF : Extremely High Frequency)	30GHz ~ 300GHz	직접파	미래통신

(1) 지상 마이크로파(Microwave)

① 개념

- 반송파의 주파수 대역이 1GHz ~ 30GHz 범위에 속한다.
- 대용량의 전송매체로 사용되며 전화에서 위성통신에 이르기까지 사용범위가 광범위하다.

> **NOTE** 아날로그와 디지털 마이크로파 통신의 비교
>
> ① 아날로그 마이크로파 통신
> - 반송파는 1GHz ~ 10GHz 범위의 주파수를 사용한다.
> - 주파수 분할 다중화(FDM : Frequency Division Multiplexing) 방식을 사용한다.
> - 주파수 변조(FM : Frequency Modulation)를 사용한다.
> ② 디지털 마이크로파 통신
> - 반송파는 20GHz ~ 30GHz 범위의 주파수를 사용하는 준 밀리미터파 통신과 30GHz 이상의 주파수 대역을 사용하는 밀리미터파로 구분된다.
> - 시분할 다중화(TDM : Time Division Multiplexing) 방식을 사용한다.
> - 위상변조(QPSK), 진폭위상변조(QAM)방식을 사용한다.

② 활용범위

- 전화, TV
- 근거리 통신망의 데이터 링크
- CATV, CCTV

③ 지상 마이크로파 통신의 장단점

- 장점

  - 광대역 주파수를 사용함으로 외부 잡음의 영향이 적다.

  - 반송 주파수가 높기 때문에 광대역 전송이 가능하다.

  - 전파의 손실이 적다.

  - 페이딩(Fading)에 의한 레벨 변동에 강하다.

  - 소요경비가 적으며 짧은 시간에 구성할 수 있다(무선송수신장치와 안테나 만 있으면 통신 네트워크를 구성할 수 있기 때문에).

• 단점

  - 무선 전송매체이기 때문에 보안에 취약하다.

  - 기상에 따라서 감쇠현상이 발생한다.

  - 전파간에 간섭현상이 발생한다.

💡 **NOTE** **마이크로파 통신의 감쇠와 간섭**

• 감쇠 : 마이크로파가 전파되는 과정에서 장애물, 눈, 비 등에 의하여 손실이 발생한
  다.

  감쇠 $= 10\log_{10}\left(\dfrac{4\pi d}{\lambda}\right)$ [dB]

  d : 거리 λ : 파장

• 간섭 : 서로 다른 주파수 대역사이에 주파수가 겹쳐서 간섭이 발생한다.

---

④ 마이크로파 통신 시스템의 구성요소

• **변복조 장치** : 주파수변조(FM : Frequency Modulation)를 사용하며 전파를
  발사하기 전에 중간주파수로 변환하는 방법과 중간주파수로 변환하지 않고
  전력증폭기를 사용하는 방법이 있다.

• **무선 송수신 장치** : 주파수 변조된 마이크로파를 송신하거나 수신하기 위한
  장치이다.

• **안테나** : 여러 개의 무선 송수신기가 하나의 안테나를 공유하기 위하여 분파
  기를 사용한다.

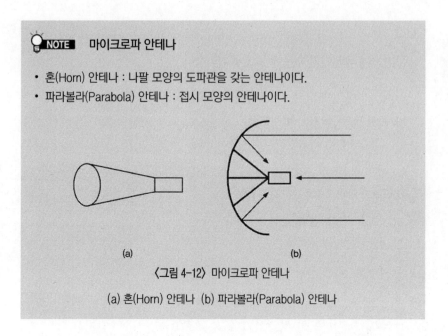

NOTE 마이크로파 안테나

- 혼(Horn) 안테나 : 나팔 모양의 도파관을 갖는 안테나이다.
- 파라볼라(Parabola) 안테나 : 접시 모양의 안테나이다.

(a)   (b)

〈그림 4-12〉 마이크로파 안테나

(a) 혼(Horn) 안테나 (b) 파라볼라(Parabola) 안테나

- **무선 중계장치** : 무선 송수신 시스템에서 흔이 발생하는 페이딩(신호의 크기
  가 신간에 따라서 변하는 것), 감쇠, 손실 등 억제하기 위하여 무선 중계장치
  를 사용한다.
  - 장거리 통신을 위해서 중계기가 필요하다.

⑵ 위성 마이크로파(Satellite Microwave), 위성통신

지상 마이크로파를 이용하여 장거리 통신을 할 경우 여러개의 중계기가 필요하
게 된다. 즉, 넓은 지역의 통신네트워크에는 많은 중계기가 필요하다는 것을 의
미한다. 오늘날의 통신은 보다 넓은 지역을 소수의 중계기로 통신네트워크를 구
성하고자 인공위성을 사용하게 되었다.

① 개념

• 위성 통신은 장거리 혹은 넓은 지역의 정보전송에 적합하다.

• SHF 주파수 대역인 3-30GHz를 사용한다.

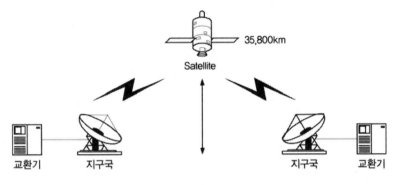

〈그림 4-13〉 위성 통신

> **NOTE** 업링크(Up-Link)와 다운링크(Down-Link)
>
> • 업링크(Up-Link) : 상향회선이라하며 지구국에서 위성을 향하는 전파를 말한다.
>   지구국 → 위성
> • 다운링크(Down-Link) : 하향회선이라하며 위성에서 지구국을 향하는 전파를 말한다.
>   위성 → 지구국

② 위성의 분류

• **저궤도 위성** : 고도 수천km의 궤도를 선회하는 위성을 저궤도 위성이라 한다.

• **중궤도 위성** : 고도 1 ~ 2만km 궤도를 선회하는 위성을 중궤도 위성이라 한다.

• **정지 위성** : 고도 35,800km 궤도를 선회하는 위성을 정지 위성이라 한다.

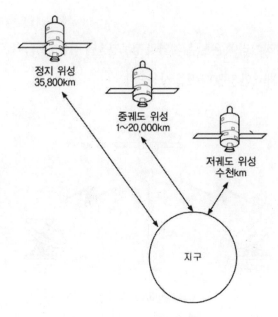

정지 위성
35,800km

중궤도 위성
1~20,000km

저궤도 위성
수천km

지구

〈그림 4-14〉 위성의 분류

③ 활용범위

• 전화

• 데이터 통신

• ISDN

• TV, HDTV, 위성방송

④ 위성 통신의 장단점

• 장점

- 광범위한 지역이나 장거리 통신에 적합하다.

- 주파수 대역이 넓어 대용량의 정보전송에 적합하다.

- 신호의 에러가 적다.

- 통신품질이 우수하다.

- 단점

  - 보안에 취약하다.

  - 신호의 지연 및 감쇠현상이 있다.

  - 고장수리가 곤란하다.

⑶ 라디오 마이크로파(Radio Microwave)

- 라디오 마이크로파는 초단파(VHF)와 극초단파(UHF)사이인 30MHz ~1GHz
  의 주파수 대역을 사용한다. (VHF : 30MHz ~ 300MHz , UHF : 300MHz ~
  3GHz)

- 전방향 특성을 갖는 안테나가 필요하다.

- 주파수 대역폭이 낮기 때문에 위성 마이크로파에 비하여 정보전송 효율이
  낮다.

- 마이크로파와 같이 감쇠와 간섭현상이 발생한다.

4.4 광통신

(1) 광통신의 원리

• 발광소자와 수광 소자로 광 신호를 송수신하여 정보를 전송하는 것을 광통신
  이라 한다.

(2) 광소자의 파라메터

• 반응도(R) : 다이오드의 출력전류를 입사된 광 전력으로 나눈 값을 말한다.

$$반응도 = \frac{I_{out}}{P_{\in}} \ [\text{A/W}]$$

(I_{out} : 다이오드의 출력전류, $P_{\in}$: 입사된 광 전력)

• 양자효율 : 방출된 평균 전자의 수를 입사된 평균 광자의 수로 나눈 값을 말
  한다.

$$양자효율 = \frac{E_{out}}{L_{\in}}$$

(E_{out} : 방출된 평균 전자의 수, $L_{\in}$: 입사된 평균 광자의 수)

• 정전용량

  - 바이어스 전압에 비례하여 증감한다.

  - 정정용량이 높아지면 수신기의 잡음이 증가한다.

• 상승시간

  - 포토 다이오드의 전류가 10% ~ 90% 도달하는데 걸리는 시간이다.

> **NOTE** 광전류의 잡음(I_N)
>
> • 광소자에 흐르는 전류의 잡음에는 양자잡음, 누설전류 등에 의하여 잡음이 발생한다.
>
> $$I_N = 2e[I_L + RP]B$$
>
> e : 양자잡음 I_L : 누설전류 R : 반응도
>
> P : 입사된 광전력 B : 수신기의 잡음 대역폭

⑶ 광신호의 발광소자와 수광소자

① 발광소자

- **발광 다이오드**(LED : Light Emitting Diode)

  - 120°~180° 각도로 광 신호(빛)를 방출한다.

  - 값이 저렴하고 수명이 길다.

  - 100Mbps이하의 저속 전송에 적합하다.

  - 광섬유의 광 신호를 받아들이든 각도가 30° ~ 40°이기 때문에 일부 광신호
    의 손실이 발생함.

- **레이져 다이오드**(LD : Laser Diode)

  - 10° ~ 35° 각도록 광 신호를 방출한다.

  - 값이 비싸고 수명이 짧다.

  - 4.8Gbps정도의 고속 전송에 적합하다.

  - 광섬유의 수광 각도와 비슷하여 광신호의 손실이 적다.

② 수광소자

• 포토 다이오드(PD : Photo Diode)

  - 일반적으로 광통신 회로에 가장 많이 사용된다.

  - 저속 전송에 적합하다.

  - 저 출력의 소 용량의 광통신 시스템에 사용한다.

  - 값이 비교적 저렴하다.

• 애벌렌치 포토 다이오드(APD : Avalanche Photo Diode)

  - 고속 전송에 적합하다.

  - 고출력 대용량의 광통신 시스템에 사용한다.

  - 값이 비교적 고가이다.

⑶ 광통신 시스템의 구성

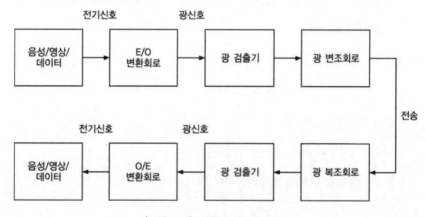

〈그림 4-15〉 광통신 시스템의 구성

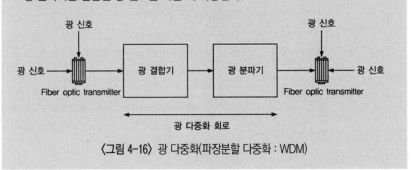

〈그림 4-16〉 광 다중화(파장분할 다중화 : WDM)

• **광원과 광 검출기** : 광원은 발광소자인 LED, LD를 사용하여 발광시키고 이를 광 검출기인 PD, APD를 이용하여 광 신호를 수광하게 된다.

• **광 변조회로** : 광 신호를 전기적인 디지털 신호로 변환하기 위하여 IM(Intensity Modulation)방식을 사용한다.

• **광 복조회로** : 광 신호를 직접 검출하는 방식인 DD(Direct Detection)방식을 사용한다.

• **E/O 변환회로** : 전기적인 신호를 광 신호로 변환하는 장치이다.

• **O/E 변환회로** : 광 신호를 전기적인 신호로 변환하는 장치이다.

4.5 이동통신

(1) 이동통신의 원리

- 이동체 상호간(사람, 차량, 선박, 항공기)에 통신을 할 수 있도록 통신 서비스를 제공하는 시스템을 이동통신이라 한다.
- 셀을 기본 단위로 주파수를 할당하여 사용하기 때문에 셀룰러(Cellular) 이동 통신이라 한다.
- 이동통신은 언제 어디에서 누구와도 통화할 수 있는 장점 때문에 사용자가 폭발적으로 급증하고 있다.

> **NOTE** 이동통신의 시스템의 4요소
>
> - 사용전파 : 150MHz~900MHz를 사용하고 있으나 향후 1~3GHz까지 사용하게 될 것이다.
> - 이동통신 단말기 : 디지털 셀룰러 폰, PSC폰, 시티폰, 페이저
> - 중계기(기지국) : 셀(Cell)로 구성된 통신네트워크로서 셀안에 1~2개의 안테나를 설치한다.
> - 이동통신 교환기 : 이동통신 시스템을 다중화하고 공중전화망(PSTN)에 연결하기 위한 장치이다.

(2) 이동통신의 물리적 현상

① 페이딩(Fading)현상

- 전파가 불규칙한 지형이나 장애물을 통과할 때 전파가 반사, 회절 등에 의해 이동통신 안테나에 는 진폭과 위상이 다른 전파들이 수신된다. 이때 여러 경로를 통하여 전파가 수신될 때 전파의 세기가 일정하지 않고 시간적으로 불규칙하게 변하는 것을 페이딩(Fading)이라 한다.

- 진폭과 위상을 달리하는 신호들이 서로 간섭을 일으키는 현상이다.

② 도플러(Doppler) 효과

- 이동체 상호간에 통신을 할 때 반송파의 주파수가 천이되는 것을 도플러 (Doppler)효과라 한다.
- **도플러 주파수(f_D) :**

$$f_D = f_c - f_R = \frac{v}{\lambda}cos\theta$$

f_c : 반송 주파수 f_R : 수신된 주파수

λ : 파장 v : 이동국의 이동속도 θ : 이동국의 방향

③ 지연확산(Delay Spread) 효과

- 다중 경로에 의해 수신 신호의 지연(Delay)에 의해서 신호에 일그러짐이 발생한다.

④ 채널 간섭(Channel Interference) 효과

- 동일 주파수 혹은 서로 다른 주파수를 사용하는 채널간에 간섭에 의하여 잡음이 발생한다.

(3) 이동통신 단말기의 종류

① 셀룰러 폰(Cellular Phone)

- 반경 10 ~ 20km의 통화권을 가진 셀(Cell)로 구성된 소규모의 통신서비스 지역에 무선 기지국을 설치하여 통신서비스를 제공한다.
- 800 ~ 900MHz의 주파수를 사용한다.
- 아날로그 셀룰러 폰은 주파수분할 다중화(FDMA)방식을 사용하고 디지털 셀룰러 폰은 코드분할 다중화(CDMA) 방식을 사용한다.

② 개인 휴대 통신(PCS : Personal Communication Services) : PCS 폰

• 반경 1 ~ 5km의 통화권을 가진 작은 셀(Cell)로 구성하여 통신서비스를 제공한다.

• 1.7 ~ 1.8GHz의 주파수를 사용한다.

• 코드분할 다중화(CDMA)방식을 사용한다.

③ 무선 호출기(Pager)

• 148 ~ 174MHz와 450 ~ 468MHz의 주파수 대역을 사용한다.

• POCSAG(Post Office Code Standardization Advisory Group)코드를 사용한다.

④ 주파수 공용통신(TRS)

• 1개의 통화채널을 다수의 가입자가 사용할 수 있도록 시분할 다중화(TDMA)한 통신 방식이다.

⑤ 코드레스폰(CT : Cordless Phone)

• CT - 1 : 가정용 무선전화기

• CT - 2 : 발신전용 무선전화기

• CT - 3 : 착발신 무선전화기

⑥ IMT-2000(International Mobile Telecommunication 2000)

• 1.8 ~ 2.2GHz의 주파수대를 사용한다.

• 주파수 대역이 넓어 화상, 음성, 데이터 전송이 가능하다.

• 대용량, 고속의 이동통신에 적합하다.

1. 다음 중 통신 속도의 단위가 아닌 것은?

    ㉮ 비트(bit)   ㉯ 보오(Baud)

    ㉰ 비피에스(bps)   ㉱ 네퍼(neper)

    해설 네퍼(neper)는 신호의 크기를 나타내는 단위이다.

2. 다음 중 정보를 0과 1로 표현하는 최소 단위는?

    ㉮ 비트(bit)   ㉯ 보오(Baud)

    ㉰ 비피에스(bps)   ㉱ 네퍼(neper)

    해설 통신 속도의 단위

        ① 비트(Bit) : 정보를 0과 1로 표현하는 최소 단위이다.

        ② 보오(Baud) : 신호의 변조 속도로서 매초 전송할 수 있는 부호 단위수를 의미한다.

$$Baud = \frac{1}{T}[Baud]$$

        ③ 비피에스(bps) : 1bps=1bit/sec 는 1초에 1bit 전송함을 표현한다.

$$bps = n \times Baud \quad (n : 신호당\ 비트수\ )$$

3. 신호의 변조 속도로서 매초 전송할 수 있는 부호 단위는?

    ㉮ 비트(bit)   ㉯ 보오(Baud)

    ㉰ 비피에스(bps)   ㉱ 네퍼(neper)

정답   1. ㉱   2. ㉮   3. ㉯

연습문제

4. 10[Baud]의 통신 속도를 100[Baud]로 높였을 때 단위 펄스의 길이는?

   ㉮ 10[ms]   ㉯ 20[ms]

   ㉰ 30[ms]   ㉱ 40[ms]

해설 $Baud = \dfrac{1}{T}[Baud]$에서 $T = \dfrac{1}{B} = \dfrac{1}{100} = 10[ms]$

5. 통신 속도 20[Baud]인 전송 부호의 펄스의 길이는?

   ㉮ 20[ms]   ㉯ 30[ms]

   ㉰ 40[ms]   ㉱ 50[ms]

해설 $T = \dfrac{1}{B} = \dfrac{1}{20} = 50[ms]$

6. 다음 중 통신 속도를 개선하는 방법으로 옳지 않은 것은?

   ㉮ 주파수 대역폭을 넓게 한다.   ㉯ 전송 부호의 단위수를 적게 한다.

   ㉰ 신호당 비트수를 크게 한다.   ㉱ 안테나의 길이를 길게 한다.

해설 통신 속도를 개선하는 방법

   ① 주파수 대역폭을 넓게 한다.

   ② 전송 부호의 단위수를 적게 한다.

   ③ 신호당 비트수를 크게 한다.

    * 통신 속도와 안테나 길이와는 무관하다.

정답 4. ㉮   5. ㉱   6. ㉱

7. 상용대수를 기초로 한 전송 화선에 흐르는 전류, 전압, 전력의 레벨을 나타내는 단위는?

㉮ 비트(bit) ㉯ 보오(Boud)
㉰ 데시벨(Decibel) ㉱ 네퍼(neper)

8. 송신측의 전력 $P_1 = 500[W]$ 이고 수신측의 전력 $P_2 = 100[W]$ 일 때 데시벨은?

㉮ 7[dB] ㉯ 14[dB]
㉰ 28[dB] ㉱ 56[dB]

> **해설** $D[dB] = 10\log_{10}\dfrac{P_1}{P_2} = 20\log_{10}\dfrac{V_1}{V_2}$
>
> (P_1 : 송신측의 전력, P_2 : 수신측의 전력, V_1 : 송신측의 전압, V_2 : 수신측의 전압)
>
> $D[dB] = 10\log_{10}\dfrac{P_1}{P_2} = 10\log_{10}\dfrac{500}{100} \approx 7[dB]$

9. 신호 전력의 측정치가 100[mW]일 때 [dBm]으로 나타내면?

㉮ 10[dBm] ㉯ 20[dBm]
㉰ 30[dBm] ㉱ 40[dBm]

> **해설** $dB_m = 10\log_{10}\dfrac{측정전력[mW]}{1[mW]}$

정답 7. ㉰ 8. ㉮ 9. ㉯

10. 1[Neper]=1[Nep]은 몇 [dB] 인가?

㉮ 0.523[dB] ㉯ 2.275[dB]

㉰ 6.565[dB] ㉱ 8.686[dB]

11. 송신측의 전압 $V_1 = 220[V]$ 이고 수신측의 전압 $V_2 = 100[V]$ 일 때 데시벨은?

㉮ 1.72[dB] ㉯ 3.43[dB]

㉰ 6.85[dB] ㉱ 13.7[dB]

해설 $D[dB] = 10\log_{10}\dfrac{P_1}{P_2} = 20\log_{10}\dfrac{V_1}{V_2}$

(P_1 : 송신측의 전력, P_2 : 수신측의 전력, V_1 : 송신측의 전압, V_2 : 수신측의 전압)

$D[dB] = 20\log_{10}\dfrac{V_1}{V_2} = 20\log_{10}\dfrac{220}{100} = 6.85[dB]$

12. 통신 중계 케이블의 통화 전압이 50[V]이고 잡음 전압이 0.8[V]였다면 이때 잡음 레벨[dB]은?

㉮ 35.9[dB] ㉯ 45.2[dB]

㉰ 56.8[dB] ㉱ 72.4[dB]

해설 $D[dB] = 20\log_{10}\dfrac{50}{0.8} = 35.9[dB]$

정답 10. ㉱ 11. ㉰ 12. ㉮

13. 자연대수를 기초로 한 전송화선에 흐르는 전류, 전압, 전력의 레벨을 나타내는 단
위는?

    ㉮ 비트(bit)   ㉯ 보오(Baud)

    ㉰ 데시벨(Decibel)   ㉱ 네퍼(neper)

> **해설**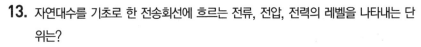
> $$N[Nep] = \frac{1}{2} log_e \frac{P_1}{P_2} = log_e \frac{V_1}{V_2} = log_e \frac{I_1}{I_2}$$
>
> P_1 : 송신측의 전력, P_2 : 수신측의 전력
>
> V_1 : 송신측의 전압, V_2 : 수신측의 전압
>
> I_1 : 송신측의 전류, I_2 : 수신측의 전류

14. 1[dB]는 몇 [Nep] 인가?

    ㉮ 0.0532[Nep]   ㉯ 0.115[Nep]

    ㉰ 2.849[Nep]   ㉱ 4.325[Nep]

15. 전송 선로에 있어서 사용하는 주파수가 높아지면 다음 중 어느 것이 감소되는가?

    ㉮ 특성 임피던스   ㉯ 와류 손실

    ㉰ 근접작용   ㉱ 표피작용

16. 채널을 통하여 전송할 수 있는 데이터의 양과 채널의 주파수 대역폭과의 관계는?

    ㉮ 반비례한다.   ㉯ 1/2 비례한다.

    ㉰ 비례한다.   ㉱ 제곱근에 비례한다.

정답 13. ㉱   14. ㉯   15. ㉮   16. ㉰

17. 전송 선로에 있어서 전체 펄스가 200개이고 정보 펄스가 120인 경우에 전송 효율을 옳게 나타낸 것은?

⑦ 20[%]　　　　　　　　　　　　⑭ 60[%]

⑭ 80[%]　　　　　　　　　　　　㉑ 100[%]

해설　전송효율 $= \dfrac{정보펄스수}{전체펄스수} \times 100[\%] = \dfrac{120}{200} \times 100[\%] = 60[\%]$

18. 전송 선로에 있어서 전체 비트수가 160bit이고 정보비트수가 140bit인 경우에 코드 효율을 옳게 나타낸 것은?

⑦ 65.5[%]　　　　　　　　　　　⑭ 74.2[%]

⑭ 87.5[%]　　　　　　　　　　　㉑ 95.7[%]

해설　코드효율 $= \dfrac{정보비트수}{전체비트수} \times 100[\%] = \dfrac{140}{160} \times 100[\%] = 87.5[\%]$

19. 다음 중 전송 선로의 길이에 관계되지 않은 것은?

⑦ 특성 임피던스　　　　　　　　⑭ 절연 저항

⑭ 정전 용량　　　　　　　　　　㉑ 상호 임피던스

해설　특성 임피던스는 선로의 길이나 부하에 관계없이 선로의 종류에 따라서 일정값을 갖는다.

정답　17. ⑭　　　18. ⑭　　　19. ⑦

20. 전송 선로의 채널 용량을 증가시키기 위한 방법이 아닌 것은?

㉮ 신호 전력을 증가시킨다.   ㉯ 잡음 전력을 증가시킨다.

㉰ 대역폭을 넓힌다.   ㉱ C/N비를 증가시킨다.

> **해설** $C[bps] = W\log_2(1 + \dfrac{S}{N})$ (W : 주파수 대역폭, S : 신호의 전력,
>
> N : 잡음의 전력)

21. 전송 신호의 위상이 일시적으로 가속되거나 감속되는 일그러짐 현상은?

㉮ 위상 히트   ㉯ 주파수 편이

㉰ 진폭 편이   ㉱ 위상 지터

22. 다음 중 전송선로의 1차 정수에 해당하지 않는 것은?

㉮ 저항   ㉯ 인덕턴스

㉰ 콘덕턴스   ㉱ 지터

> **해설** 1차 정수 : 통신선로에 포함된 R, L, C, G 등에 의하여 결정되는 통신선로의 정수
> ① 저항(R) : Ω/m, ② 인덕턴스(L) : H/m, ③ 정전용량(C) : F/m, ④ 콘덕턴스(G) :
> ℧/m

정답   20. ㉯   21. ㉱   22. ㉱

23. 지터(jitter)에 대한 설명 중 옳지 않은 것은?

㉮ 타이밍 회로의 동조가 부정확하여 발생한다.

㉯ 재생 중계기에 의하여 제거되는 잡음으로 누적되지 않는다.

㉰ 타이밍 펄스가 흔들려서 발생한다.

㉱ 타이밍 편차 또는 지터잡음이라 한다.

해설 지터잡음은 타이밍 펄스의 흔들림이나 타이밍 편차가 흔들림에 의하여 타이밍 회로의 동조가 부정확할 때 발생하는 잡음이다.

24. 다음 중 전송선로의 2차 정수에 해당하지 않는 것은?

㉮ 진폭 정수   ㉯ 감쇠 정수

㉰ 위상 정수   ㉱ 특성 임피던스

해설 2차 정수 : 전송선로의 1차 정수와 주파수에 의하여 결정된다.

① 전파 정수(γ) : 통신선로의 전파특성을 나타내는 정수

② 감쇠 정수(α) : 통신선로에 흐르는 전류의 감쇠 정도를 나타내는 정수

③ 위상 정수(β) : 통신선로에 전파되는 신호의 속도를 나타내는 정수

④ 특성 임피던스(Z) : 통신선로에 전파되는 신호의 흐름(좋고, 나쁨)을 나타내는 정수

정답 23. ㉯   24. ㉮

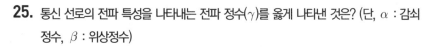

25. 통신 선로의 전파 특성을 나타내는 전파 정수(γ)를 옳게 나타낸 것은? (단, α : 감쇠 정수, β : 위상정수)

㉮ $\gamma = \alpha - j\beta$

㉯ $\gamma = \dfrac{\alpha}{j\beta}$

㉰ $\gamma = \alpha + j\beta$

㉱ $\gamma = \left(\dfrac{\alpha}{j\beta} \right)^2$

26. 통신 선로의 감쇠 특성을 나타내는 감쇠 정수(α)를 옳게 나타낸 것은?

㉮ $\alpha = \alpha_R + \alpha_S$ [Nep/m]

㉯ $\alpha = \alpha_R - \alpha_S$ [Nep/m]

㉰ $\alpha = \dfrac{\alpha_R}{\alpha_S}$ [Nep/m]

㉱ $\alpha = \dfrac{\alpha_S}{\alpha_R}$ [Nep/m]

27. 통신 선로에 전파되는 신호의 속도를 나타내는 위상 정수(β)를 옳게 나타낸 것은?

㉮ $\beta = \dfrac{\omega}{\sqrt{LC}}$ [rad/m]

㉯ $\beta = \omega\sqrt{LC}$ [rad/m]

㉰ $\beta = \dfrac{1}{\omega LC}$ [rad/m]

㉱ $\beta = \sqrt{LC}$ [rad/m]

28. 통신 선로의 2차 정수인 특성 임피던스(Z)을 옳게 나타낸 것은?

㉮ $Z = \sqrt{\dfrac{R + j\omega C}{G + j\omega L}}$ [Ω]

㉯ $Z = \dfrac{R + j\omega C}{G + j\omega L}$ [Ω]

㉰ $Z = \sqrt{\dfrac{R + j\omega L}{G + j\omega C}}$ [Ω]

㉱ $Z = \dfrac{R + j\omega L}{G + j\omega C}$ [Ω]

정답 25. ㉰   26. ㉱   27. ㉯   28. ㉰

29. 통신 선로의 1차 정수인 저항(R)과 주파수의 관계를 옳게 나타낸 것은?

㉮ $\sqrt{f}$ 에 비례한다.   ㉯ f 에 비례한다.

㉰ f^2 에 비례한다.   ㉱ $\dfrac{1}{f}$ 에 비례한다.

30. 통신 선로의 1차 정수인 콘덕턴스(G)와 주파수의 관계를 옳게 나타낸 것은?

㉮ $\sqrt{f}$ 에 비례한다.   ㉯ f 에 비례한다.

㉰ 일정하다.   ㉱ $\dfrac{1}{f}$ 에 비례한다.

31. 통신 선로의 1차 정수인 정전용량(C)와 주파수의 관계를 옳게 나타낸 것은?

㉮ $\sqrt{f}$ 에 비례한다.   ㉯ f 에 비례한다.

㉰ 일정하다.   ㉱ $\dfrac{1}{f}$ 에 비례한다.

32. 통신 선로의 1차 정수인 이덕턴스(L)와 주파수의 관계를 옳게 나타낸 것은?

㉮ $\sqrt{f}$ 에 비례한다.   ㉯ f 에 비례한다.

㉰ 일정하다.   ㉱ $\dfrac{1}{f}$ 에 비례한다.

정답   29. ㉮   30. ㉯   31. ㉰   32. ㉮

33. 통신 선로의 1차 정수와 주파수의 관계를 옳게 나타내지 못한 것은?

⑦ 저항(R)은 $\sqrt{f}$ 에 비례한다.　　㉯ 인덕턴스(L)는 $\sqrt{f}$ 에 비례한다.

㉰ 정전용량(C)은 f 에 비례한다.　　㉰ 콘덕턴스(G)는 f 에 비례한다.

> **해설** 통신 선로의 1차 정수인 정전용량(C)은 주파수에 관계없이 일정하다.

34. 통신 선로의 2차 정수와 주파수의 관계를 옳게 나타내지 못한 것은?

⑦ 저항 감쇠 정수(α_R)는 $\sqrt{f}$ 에 비례한다.

㉯ 누설 감쇠 정수(α_S)는 f 에 비례한다.

㉰ 위상 정수(β)는 f 에 비례한다.

㉪ 특성 임피던스(Z)는 f 에 비례한다.

> **해설** 2차 정수와 주파수(f)의 관계
>
> ① 저항 감쇠정수(α_R) : $\sqrt{f}$에 비례한다.
>
> ② 누설 감쇠정수(α_S) : f에 비례한다.
>
> ③ 위상정수(β) : f에 비례한다.
>
> ④ 특성 임피던스(Z) : $\dfrac{1}{\sqrt{f}}$에 비례한다. (중간 주파수, 80Hz ~ 20kHz)
>
> 　높은 주파수와 낮은 주파수에서는 일정하다.

35. 전송 선로의 무왜곡 조건이 성립하기 위한 R, L, C, G의 관계식은?

⑦ RG = LC　　　　　　　　㉯ RL = 2GC

㉰ RC = LG　　　　　　　　㉪ RG = 2LC

36. 전송 선로에 있어서 사용하는 주파수가 높아지면 그 값 또는 작용이 감소되는 것은?

㉮ 와류 손실 ㉯ 특성 임피던스
㉰ 근접 작용 ㉱ 표피 작용

37. 페런티(ferranti) 현상을 옳게 설명한 것은?

㉮ 수단이 개방된 선로에서 수단 전압이 송단 전압 보다 커지는 현상을 말한다.
㉯ 솔레노이드 중앙에 발생하는 역기전력을 말한다.
㉰ 전화선의 누화 현상을 말한다.
㉱ 전송로의 특성 임피던스가 클 때 발생하는 현상을 말한다.

38. 동축케이블의 절연재료의 조건에 맞지 않는 것은?

㉮ 내수성이 있을 것 ㉯ 외부 충격에 강할 것
㉰ 절연 내력이 클 것 ㉱ 유전율이 클 것

39. 다음 중 표준 동축케이블의 두께를 옳게 나타낸 것은?

㉮ 4.4[mm] ㉯ 5.6[mm]
㉰ 6.7[mm] ㉱ 9.4[mm]

정답 36. ㉯ 37. ㉮ 38. ㉱ 39. ㉮

40. 동축케이블의 통화 전류에 대한 전파 속도는 1초 동안 몇 [km]인가?

㉮ 1.2×10^3 [km/s]　　　㉯ 2.1×10^4 [km/s]

㉰ 2.9×10^5 [km/s]　　　㉱ 3.6×10^6 [km/s]

> **해설** 케이블 종류에 따른 전파 속도
>
> ① 광 케이블 : 3×10^5[km/s]
>
> ② 동축케이블 : 2.9×10^5[km/s]
>
> ③ 장하 케이블 : 0.16×10^5[km/s]
>
> ④ 무장하 반송 케이블 : 2.1×10^5[km/s]

41. 다음 중 동축케이블에 관계되는 손실은?

㉮ 적외선 흡수 손실　　　㉯ 와류 손실

㉰ 구조 불완전 손실　　　㉱ 레일리 산란 손실

> **해설** 적외선 흡수 손실, 구조 불완전 손실, 레일리 산란 손실은 광케이블에 관계되는 손실
> 이다.

42. 다음 중 케이블간의 혼선, 신호의 감쇠, 전송지연으로 인한 변화가 적은 매체는?

㉮ 와이어-페어(wire-pair) 케이블　　　㉯ 광 케이블

㉰ 나선(open wire)　　　㉱ 동축 케이블

정답 40. ㉰　　　41. ㉯　　　42. ㉱

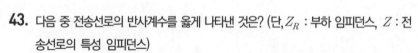

43. 다음 중 전송선로의 반사계수를 옳게 나타낸 것은? (단, Z_R : 부하 임피던스, Z : 전송선로의 특성 임피던스)

㉮ $r = \left| \dfrac{Z_R - Z}{Z_R + Z} \right|$ ㉯ $r = \left| \dfrac{Z_R + Z}{Z_R - Z} \right|$

㉰ $r = \left| \dfrac{Z_R + Z}{Z_R + Z} \right|$ ㉱ $r = \left| \dfrac{Z_R - Z}{Z_R - Z} \right|$

44. 다음 중 전송선로의 정재파비(S)를 옳게 나타낸 것은?(단, r : 반사계수)

㉮ $S = \dfrac{|r|}{1 - |r|}$ ㉯ $S = (1 + r^2)$

㉰ $S = \dfrac{1 + |r|}{1 - |r|}$ ㉱ $S = (r^2 - 1)$

45. 전송 선로에 있어서 신호의 손실 3요소에 해당하지 않는 것은?

㉮ 왜곡(Distortion)   ㉯ 누화(Crosstalk)

㉰ 잡음(Noise)   ㉱ 굴절(Refraction)

46. 신호의 세기가 변하여 발생하는 왜곡은?

㉮ 주파수 왜곡   ㉯ 감쇠 왜곡

㉰ 위상 왜곡   ㉱ 지연 왜곡

정답   43. ㉮   44. ㉰   45. ㉱   46. ㉯

47. 신호의 위상이 주파수에 대하여 비직선적으로 변하여 발생하는 왜곡은?

    ㉮ 주파수 왜곡   ㉯ 감쇠 왜곡

    ㉰ 위상 왜곡   ㉱ 지연 왜곡

48. 전송선로의 지연값이 주파수에 대하여 일정하지 않기 때문에 발생하는 왜곡은?

    ㉮ 주파수 왜곡   ㉯ 감쇠 왜곡

    ㉰ 위상 왜곡   ㉱ 지연 왜곡

49. 전력 스펙트럼 밀도가 전 주파수 대역에 고루 분포되어 있어 발생하는 잡음은?

    ㉮ 백색 잡음(White Noise)

    ㉯ 열 잡음(Thermal Noise)

    ㉰ 산탄 잡음(Shot Noise)

    ㉱ 상호변조 잡음(Intermodulation Noise)

50. 도체에서 전자의 불규칙한 운동으로부터 일어나는 전기적인 잡음은?

    ㉮ 백색 잡음(White Noise)

    ㉯ 열 잡음(Thermal Noise)

    ㉰ 산탄 잡음(Shot Noise)

    ㉱ 상호변조 잡음(Intermodulation Noise)

> **해설** 전송 선로의 잡음
>
>   ① 열 잡음(Thermal Noise) : 도체에서 전자의 불규칙한 운동으로부터 일어나는 전
> 기적인 잡음

정답 47. ㉰   48. ㉱   49. ㉮   50. ㉯

② 산탄 잡음(Shot Noise) : 전자장치에 흐르는 전류의 이산적인 특성 때문에 일어나는 잡음

③ 백색 잡음(White Noise) : 전력 스펙트럼 밀도가 전 주파수 대역에 고루 분포되어 있는 잡음

④ 상호변조 잡음(Intermodulation Noise) : 서로 다른 신호의 주파수가 상호 간섭함으로서 발생하는 잡음

⑤ 충격 잡음(Impulse Noise) : 외부로부터의 물리적인 충격에 의하여 발생하는 잡음

51. 다음 중 열잡음의 전력 P_T를 옳게 나타낸 것은? (단, k : 볼쯔만 상수, 1.38×10^{-23} [J/°K] T : 절대온도 [℃], W : 주파수 대역폭 [Hz])

㉮ $P_T = \dfrac{1}{kTW}$ ㉯ $P_T = (kTW)^2$

㉰ $P_T = kTW$ ㉱ $P_T = k^2TW$

52. 동축케이블(Coaxial Cable)은 낮은 주파수에서 누화 현상이 심각하게 발생하기 때문에 어느 주파수 이하에서는 사용하지 않는가?

㉮ 30[kHz] ㉯ 60[kHz]

㉰ 120[kHz] ㉱ 240[kHz]

정답 51. ㉰   52. ㉯

53. 동축케이블의 감쇠 손실을 옳게 설명한 것은?

㉮ 주파수의 자승에 비례하여 증가한다.

㉯ 주파수의 평방근에 비례하여 증가한다.

㉰ 주파수에 비례하여 증가한다.

㉱ 주파수의 $\sqrt{2}$ 에 비례하여 증가한다.

54. 다음 중 전송 선로의 무손실 조건을 잘못 나타낸 것은?

㉮ 저항(R) : R=0

㉯ 콘덕턴스(G) : G=0

㉰ 감쇠정수(α) : $\alpha = 0$

㉱ 특성 임피던스(Z) : $Z = \omega \sqrt{LC}$

> **해설** 전송 선로의 무손실 조건
>
> ① 저항(R) : $R = 0$
> ② 콘덕턴스(G) : $G = 0$
> ③ 감쇠정수(α) : $\alpha = 0$
> ④ 위상정수(β) : $\beta = \omega \sqrt{LC}$
> ⑤ 특성 임피던스(Z) : $Z = \sqrt{\dfrac{L}{C}}$

55. 장하 케이블의 특징으로 옳지 않은 것은?

㉮ 연속장하, 집중장하 케이블로 분류된다.

㉯ 선로의 감쇠량이 적어 중계 증폭기가 필요없다.

㉰ 영상 주파수대에 적합하다.

㉱ 위상 왜곡이 발생할 수 있다.

> **해설** 장하 케이블은 음성 주파수대에 적합하다.

정답	53. ㉯	54. ㉱	55. ㉰

56. 전송 선로의 무왜곡 조건인 RC=LG에서 감쇠정수(α)는?

㉮ $\alpha = \sqrt{RG}$: 사용주파수에 관계 없이 일정하다.

㉯ $\alpha = \sqrt{RG}$: 사용주파수에 비례하여 증가한다.

㉰ $\alpha = \dfrac{1}{\sqrt{RG}}$: 사용주파수에 관계 없이 일정하다.

㉱ $\alpha = \dfrac{1}{\sqrt{RG}}$: 사용주파수에 비례하여 증가한다.

해설 ① 감쇠정수(α) : $\alpha = \sqrt{RG}$ (사용주파수에 관계 없이 일정하다.)

② 위상정수(β) : $\beta = \omega\sqrt{LC}$ (사용주파수에 비례한다.)

③ 특성 임피던스(Z) : $Z = \sqrt{\dfrac{C}{L}}$ (사용주파수에 관계 없이 일정하다.)

57. 유선 전송 선로에 있어서 일정간격(약 1.8km)마다 다음과 같은 코일을 직렬로 삽입하는 방식은?

㉮ 동축케이블   ㉯ 광케이블

㉰ 집중 장하 케이블   ㉱ 트위스트 페어

해설 장하케이블(Loaded Cable)

① 연속장하 : 도선위에 자성재료를 균일하게 감아주는 방식으로 평등장하 또는 Krarup장하라고도 한다.

② 집중장하 : 일정간격(약 1.8km)마다 코일을 직렬로 삽입하는 방식이다.

정답 56. ㉮   57. ㉰

58. 평형 케이블(Balance Cable)이라하며 대칭적인 2개의 전기선을 꼬아 만든 것은?

㉮ 동축케이블   ㉯ 광케이블

㉰ 장하 케이블   ㉱ 트위스트 페어

> **해설** 트위스트 페어(Twisted Pair)의 형태
>
> ① 가장 흔히 사용되는 통신회선
>
> ② 대칭적인 2개의 전기선을 꼬아 만든 것
>
> ③ 평형 케이블(Balance Cable)이라 한다.
>
> 트위스트 페어의 특징
>
> ① 가장 흔히 사용되는 통신회선이다.
>
> ② 신호의 간섭이나 잡음에 약하다.

59. 동축 케이블의 특징을 잘못 설명한 것은?

㉮ 전송 효율이 좋다.   ㉯ 전송 손실이 적다.

㉰ 누화현상이 적다.   ㉱ 낮은 내전압을 갖는다.

> **해설** 동축 케이블의 특징
>
> ① 전송 효율이 좋다.
>
> ② 전송 손실이 적다.
>
> ③ 누화현상이 적다.
>
> ④ 높은 내전압을 갖는다.
>
> ⑤ 도체저항이 적다.

정답 58. ㉱   59. ㉱

연습문제

60. 동축케이블의 1차 정수에 해당하지 않는 것은?

    ㉮ 저항(R)   ㉯ 위상정수(β)

    ㉰ 인덕턴스(L)   ㉱ 정전용량(C)

> **해설** 동축케이블의 1차 정수에는 저항, 인덕턴스, 정전용량이며 위상정수는 동축케이블의 2차 정수이다.
>
> ① 저항(R) : $R = \left(\dfrac{dD}{d+D} \right) \sqrt{\dfrac{\mu_o f \rho}{\pi}}$ [Ω/m] ρ : 저항율 ($\sqrt{f}$ 에 비례한다)
>
> ② 인덕턴스(L) : $L = \dfrac{\sqrt{\mu_0}}{2\pi} log_e \dfrac{D}{d}$ [H/m]
>
> ③ 정전용량(C) : $C = \dfrac{2\pi\epsilon}{log_e \dfrac{D}{d}}$ [F/m]

61. 동축케이블의 2차 정수에 해당하지 않는 것은?

    ㉮ 정전용량(C)   ㉯ 감쇠정수(α)

    ㉰ 위상정수(β)   ㉱ 특성 임피던스(Z)

> **해설** 동축케이블의 2차 정수
>
> ① 감쇠정수(α) : $\alpha = \dfrac{\sqrt{f}}{d}$ ($\sqrt{f}$ 에 비례한다)
>
> ② 위상정수(β) : $\beta = \omega \sqrt{LC}$ (f에 비례한다)
>
> ③ 특성 임피던스(Z) : $Z = \dfrac{\sqrt{L}}{C}$

정답 60. ㉯   61. ㉮

62. 동축케이블의 전파 속도를 옳게 나타낸 식은?

㉮ $v = \dfrac{1}{\sqrt{LC}}$　　　　　　　㉯ $v = LC$

㉰ $v = \dfrac{1}{LC}$　　　　　　　㉲ $v = \sqrt{LC}$

해설 동축 케이블내에서의 전파속도 $v = \dfrac{3 \times 10^8}{\sqrt{\epsilon}} = \dfrac{1}{\sqrt{LC}}$

63. 동축케이블의 2차 정수에서 위상정수를 옳게 나타낸 것은?

㉮ $\beta = \dfrac{1}{\omega\sqrt{LC}}$　　　　　　　㉯ $\beta = \dfrac{\omega}{\sqrt{LC}}$

㉰ $\beta = \omega\sqrt{LC}$　　　　　　　㉲ $\beta = \sqrt{LC}$

64. 다음의 법칙 중 동축케이블에 적용하는 법칙이 아닌 것은?

㉮ 콜롬(coulomb)의 법칙　　　㉯ 렌즈(lenz)의 법칙
㉰ 키리히호프(kirchhoff)의 법칙　　㉲ 스넬(snell)의 법칙

해설 스넬의 법칙은 광케이블에 관계된 법칙이다.
스넬(Snell)의 법칙 : 서로 다른 굴절율의 경계면에서 광신호가 입사되면 투과 및 반
사현상이 일어나는 것을 스넬의 법칙이라 한다.

정답 62. ㉮　　　63. ㉰　　　64. ㉲

65. 광케이블의 장점을 설명한 것 중 잘못된 것은?

    ㉠ 저손실이다.   ㉡ 전파 속도가 느리다.

    ㉢ 전력 유도를 받지 않는다.   ㉣ 광대역성이다.

> **해설** 광케이블은 주파수 대역폭이 넓어 정보량이 많은 화상신호 전송에 사용된다. 또한 고속
> 통신에 적합하다.

66. 광케이블은 어떤 원리를 이용한 것인가?

    ㉠ 빛의 투과성   ㉡ 빛의 직진성

    ㉢ 빛의 굴절성   ㉣ 빛의 전반사성

67. 광케이블의 장점이 아닌 것은?

    ㉠ 잡음의 영향을 받지 않는다.

    ㉡ 보안성이 우수하다.

    ㉢ 동축케이블에 비해 무게나 부피를 많이 차지한다.

    ㉣ 주파수 대역폭이 넓다.

68. 광케이블의 전송대역을 제안하는 가장 큰 원인은?

    ㉠ 광의 빔(beam) 폭   ㉡ 광의 코히어런스(coherence)

    ㉢ 광의 군속도 차이   ㉣ 광의 파장

정답   65. ㉡   66. ㉣   67. ㉢   68. ㉢

69. 광케이블에서 발생하는 광 손실은 몇 [dB]를 기준으로 하는가?

㉮ 4[dB]   ㉯ 5[dB]
㉰ 6[dB]   ㉱ 7[dB]

70. 광 전송방식의 3요소에 해당하지 않는 것은?

㉮ 수광 소자   ㉯ 여파기
㉰ 발광 소자   ㉱ 광케이블

71. 광케이블의 파라메터에서 비굴절율차(ρ)를 옳게 나타낸 것은? (단, n_1 : 코어의 굴절율, n_2 : 클래드의 굴절율)

㉮ $\rho = \dfrac{n_1 - n_2}{n_1}$ ㉯ $\rho = \dfrac{n_1 - n_2}{n_2}$

㉰ $\rho = n_2(n_1 - n_2)$ ㉱ $\rho = n_1(n_1 + n_2)$

72. 광케이블에서 광신호를 전달하는 속도인 군속도(GV : Group Velocity)는? (단, n_1 : 코어의 굴절율 n_2 : 클래드의 굴절율)

㉮ $GV = n_1 \cos\theta$ ㉯ $GV = n_2 \cos\theta$

㉰ $GV = \dfrac{1}{n_2} \cos\theta$ ㉱ $GV = \dfrac{1}{n_1} \cos\theta$

정답 69. ㉰   70. ㉯   71. ㉮   72. ㉱

73. 전반사가 일어날 때 광신호의 최소 입사각을 임계각(CA : Critical Angle) 이라 한다. 이를 옳게 나타낸 것은?(단, n_1 : 코어의 굴절율 n_2 : 클래드의 굴절율)

㉮ $CA = \sin^{-1}(n_1)$

㉯ $CA = \sin^{-1}(n_2)$

㉰ $CA = \sin^{-1}\dfrac{n_2}{n_1}$

㉱ $CA = \sin^{-1}\dfrac{n_1}{n_2}$

74. 광통신 시스템 특유의 잡음은?

㉮ 모드 분배 잡음

㉯ 부호 잡음

㉰ 열 잡음

㉱ 양자화 잡음

75. 광 변조 방법은?

㉮ 직접 변조와 간접 변조

㉯ 간접 변조와 외부 변조

㉰ 직접 변조와 외부 변조

㉱ 간접 변조와 내부 변조

76. 무선 전송의 장점이 아닌 것은?

㉮ 원거리의 통신회선 설치 비용은 유선 전송 보다 저렴하다.

㉯ 유선 전송 보다 보안성이 좋다.

㉰ 주파수 분할 다중화 방식을 사용한다.

㉱ 높은 주파수에서 안테나가 소형으로 된다.

정답 73. ㉰   74. ㉮   75. ㉰   76. ㉯

77. 마이크로파 통신의 특징을 잘못 설명한 것은?

   ㉮ 광대역 주파수를 사용하기 때문에 외부 잡음의 영향이 적다.

   ㉯ 반송 주파수가 높기 때문에 광대역 전송이 가능하다.

   ㉰ 전파의 손실이 적다.

   ㉱ 페이딩(Fading)에 의한 레벨 변동에 약하다.

> **해설** (1) 장점
>
>   ① 광대역 주파수를 사용하기 때문에 외부 잡음의 영향이 적다.
>
>   ② 반송 주파수가 높기 때문에 광대역 전송이 가능하다.
>
>   ③ 전파의 손실이 적다.
>
>   ④ 페이딩(Fading)에 의한 레벨 변동에 강하다.
>
>   ⑤ 소요경비가 적으며 짧은 시간에 구성할 수 있다.(무선송수신장치와 안테나만 있
>   으면 통신 네트워크를 구성할 수 있기 때문에)
>
>   (2) 단점
>
>   ① 무선 전송매체이기 때문에 보안에 취약하다.
>
>   ② 기상에 따라서 감쇠현상이 발생한다.
>
>   ③ 전파간에 간섭현상이 발생한다.

78. 디지털 마이크로파 통신에 대한 설명으로 옳지 않은 것은?

   ㉮ 반송파는 20GHz ~ 30GHz 범위의 주파수를 사용하는 준 밀리미터파 통신과
     30GHz 이상의 주파수 대역을 사용하는 밀리미터파로 구분된다.

   ㉯ 시분할 다중화(TDM : Time Division Multiplexing)를 사용한다.

   ㉰ 주파수 변조(FM : Frequency Modulation)를 사용한다.

   ㉱ 위상변조(QPSK), 진폭위상변조(QAM)방식을 사용한다.

> **해설** 아날로그 마이크로파 통신에서 주파수 변조(FM : Frequency Modulation)를 사용한다.

정답   77. ㉱   78. ㉰

79. 아날로그 마이크로파 통신에 대한 설명으로 옳지 않은 것은?

㉮ 반송파는 1GHz ~ 10GHz 범위의 주파수를 사용한다.

㉯ 주파수 분할 다중화(FDM : Frequency Division Multiplexing)를 사용한다.

㉰ 주파수 변조(FM : Frequency Modulation)를 사용한다.

㉱ 위상변조(QPSK), 진폭위상변조(QAM)방식을 사용한다.

> **해설** 디지털 마이크로파 통신에서 위상변조(QPSK), 진폭위상변조(QAM)방식을 사용한다.

80. 위성 통신의 분류에 해당하지 않는 것은?

㉮ 저궤도 위성   ㉯ 중궤도 위성

㉰ 고궤도 위성   ㉱ 정지 위성

> **해설** 위성 통신의 분류
> ① 저궤도 위성 : 고도 수천 km의 궤도를 선회하는 위성을 저궤도 위성이라 한다.
> ② 중궤도 위성 : 고도 1~2만 km 궤도를 선회하는 위성을 중궤도 위성이라 한다.
> ③ 정지 위성 : 고도 35,800km 궤도를 선회하는 위성을 정지 위성이라 한다.

81. 광통신에서 사용되는 파장분할 다중화(WDM : Wavelength Division Multiplexing)에 대하여 잘못 설명한 것은?

㉮ 광 다중화 방식에 사용하는 방식이다.

㉯ 광 결합기와 광 분파기로 구성되어 있다.

㉰ 광 결합기는 서로 다른 파장의 광신호를 결합시킨다.

㉱ 광 분파기는 결합된 광 신호를 혼합할 때 사용한다.

> **해설** 파장 분할 다중화에 있어서 광 분파기는 결합된 광 신호를 나눌 때 사용한다.

정답   79. ㉱   80. ㉰   81. ㉱

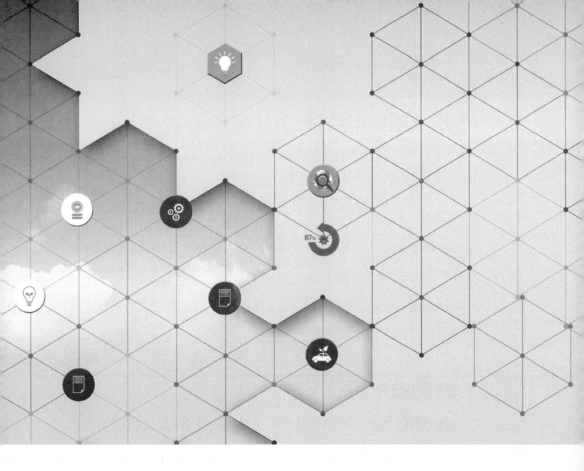

CHAPTER 5

전송방식

5.1 전송방식의 기초

(1) 전송의 단위

- **비트(Bit)** : 정보를 표현하는 최소 단위로 1bit는 0, 1를 표현할 수 있다.

- **비피에스(bps)** : 정보 전송율의 기본 단위로서 1bps=1bit/sec는 1초에 1bit 를 전송하는 것을 표현한다.

- **보오(Baud)** : 정보 전송 속도의 단위로서 매초에 변화하는 신호의 상태를 나타낸다.

(2) 전송량의 단위

- **Neper 단위** : 전송선로에 흐르는 전류, 전압, 전력의 레벨을 자연대수로 나타낸 값이다.

$$Neper = \frac{1}{2} log_e \frac{P_1}{P_2} = \log_e \frac{V_1}{V_2} = \log_e \frac{I_1}{I_2} [Nep]$$

P_1 : 송신측의 전력, P_2 : 수신측의 전력

V_1 : 송신측의 전압, V_2 : 수신측의 전압

I_1 : 송신측의 전류, I_2 : 수신측의 전류

1[Nep] ≒ 8.686[dB]

1[dB] ≒ 0.115[Nep]

- **dB 단위** : 전송선로에 흐르는 전류, 전압, 전력의 레벨을 상용대수로 나타낸 값이다.

$$dB = 10\log_{10} \frac{P_1}{P_2} = 20\log_{10} \frac{V_1}{V_2} [dB]$$

$$P_1 : \text{송신측의 전력}, \qquad P_2 : \text{수신측의 전력}$$

$$V_1 : \text{송신측의 전압}, \qquad V_2 : \text{수신측의 전압}$$

- dB_m 단위 : 음성신호의 레벨측정에 많이 사용한다.

$$dB_m = 10\log_{10}\frac{P}{1\,[m\,W]}\,[dB_m]$$

$$P : \text{피측정신호의 전력}, 1\,[m\,W] = 1 \times 10^{-3}\,[W]$$

- dB_{mV} 단위 : 영상신호의 레벨측정에 많이 사용한다.

$$dB_{mV} = 20\log_{10}\frac{V}{1\,[m\,V]}\,[dB_{mV}]$$

$$V : \text{피측정신호의 전압}, 1\,[m\,V] = 1 \times 10^{-3}\,[V]$$

- dB_w 단위 : 이동통신 기지국 또는 통신위성의 송신출력의 측정에 많이 사용한다.

$$dB_w = 10\log_{10}\frac{P}{1\,[W]}\,[dB_w]$$

$$P : \text{피측정신호의 전력}$$

(3) 전송속도(통신속도)

- **변조속도**(M_V) : 초당 전송하는 신호펄스의 수를 나타내며, 데이터 펄스간격에 반비례한다.

- **데이터 신호속도**(S_V) : 초당 전송하는 비트 수를 나타내며, 비트수를 변화점의 최단시간으로 나눈 값이다. 단위는 [bps] 또는 [b/s]를 사용한다.

- **데이터 전송속도**(T_V) : 초당 전송하는 문자의 수를 나타내며, 문자를 전송하는데 소요된 총시간으로 나눈 값이다.

- 베이러(Bearer) 속도(B_V) : 기저대(Baseband) 전송방식에서 데이터 신호, 동기 신호, 상태 신호를 포함한 전송 속도를 나타낸다. 단위는 [bps] 또는 [b/s]이다.

> **NOTE** 전송속도(통신속도)의 기본공식
>
> - 변조속도(M_V) : $M_V = \dfrac{1}{\text{펄스간격}\,T(\text{sec})}$[Baud]
> - 데이터 신호속도(S_V) : $S_V = \dfrac{\text{비트수(bit)}}{\text{변화점의최단시간}\,T(\text{sec})}$[bps]
> - 데이터 전송속도(T_V) : $T_V = \dfrac{\text{문자수}}{\text{전송에소요된총시간}\,T}$[문자/초]
> - 베이러(Bearer) 속도(B_V) : $B_V = \text{데이터신호속도}(SV) \times \dfrac{4}{3}$[bps]

- TIRB(Transfer Rate of Information Bits) : 제어신호를 제외한 정보에 할당한 비트 수를 나타낸다. 유효 전달 속도라고도 한다.

⑷ 전송용량(통신용량)

대역폭 W, 신호전력 S, 잡음전력 N 인 통신회선에서의 용량(C)는

$$C = W\log_2\left(1 + \frac{S}{N}\right)[\text{bps}]$$

⑸ 전송효율(통신효율)

- **부호효율** : 전체 비트에 실제 정보에 소요된 비트 수를 나타낸다.
- **전송효율** : 전체 펄스에 실제 정보에 사용된 펄스 수를 나타낸다.

- **전송 시스템의 효율** : 전송 시스템의 효율은 부호와 전송효율의 곱으로 나타낸다.

5.2 전송방식의 매체

(1) 유선 전송매체

- **트위스트 페어(Twisted Pair)** : 가장 널리 사용되는 전송매체이며 중간 증폭기 설치거리가 2 ~ 3km(아날로그 신호사용), 5 ~ 6km(디지털 신호사용)이다.
- **동축케이블(Coaxial Cable)** : TV, 전화, 통신망에 주로 사용되는 전송매체이며 트위스트 페어에 비해 신호간섭과 누화가 적다. 중간 증폭기 설치거리 : 1 ~ 10km(아날로그 신호용), 1km(디지털 신호사용)
- **광섬유(Optical Fiber)** : 신호의 왜곡이 적고 신호전송의 신뢰성 및 신속성이 우수하여 주파수 대역폭이 넓은 신호나 많은 양의 데이터 전송에 적합하다.

> **NOTE 유선 전송매체의 주파수 대역폭**
>
> - 트위스트 페어(Twisted Pair) : 주파수 대역폭 → 250kHz
> - 동축케이블(Coaxial Cable) : 주파수 대역폭 → 350MHz
> - 광섬유(Optical Fiber) : 주파수 대역폭 → 2GHz

(2) 무선 전송매체

- **지상 마이크로파(Terrestrial Microwave)** : 전화에서 인공위성에 이르기 까지 광범위하게 사용된다. 주파수가 높을수록 대역폭이 넓어져 데이터 전송률도 높아진다.
- **위성 마이크로파(Satellite Microwave)** : 광범위한 지역의 통신망 구축에 적합하다.

- 라디오파(Radiowave) : 비교적 넓은 지역의 전송에 사용된다.

> **NOTE** **무선 전송매체의 주파수 대역폭**
>
> - 지상 마이크로파(Terrestrial Microwave) : 주파수 대역폭 → 1~30GHz
> - 위성 마이크로파(Satellite Microwave) : 주파수 대역폭 → 3~30GHz
> - 라디오파(Radiowave) : 주파수 대역폭 → 30MHz~1GHz

5.3 전송방식의 형태

(1) 단방향(Simplex) 통신방식

• 한쪽 방향으로만 정보전송이 가능한 방식으로 TV, 라디오, 전광 안내판 등에 이용된다.

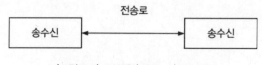

〈그림 5-1〉 단방향(Simplex) 통신방식

(2) 이중(Duplex) 통신방식(쌍방향 통신방식)

• 반이중(Half-Duplex) 방식과 전이중(Full-Duplex)방식이 있다.

• 반이중 방식은 어느 한쪽이 송신 할 때는 다른 한쪽이 수신만 가능하다. 즉, 송신과 수신을 동시에 수행할 수 없는 특징을 갖고 있다.

• 전이중(Full-Duplex) 방식은 송신과 수신을 동시에 수행할 수 있는 쌍방향 통신방식으로서 전송효율이 좋고 통신량이 많은 곳에 적합하다.

〈그림 5-2〉 반이중(Half-Duplex) 통신방식

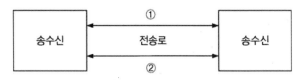

〈그림 5-3〉 전이중(Full-Duplex) 통신방식

NOTE 반이중(Half-Duplex)방식과 전이중(Full-Duplex)방식의 비교

• 반이중 방식 : 컴퓨터 통신망과 무선통신망에 일반적으로 사용된다(2선식 회선).
• 전이중 방식 : 쌍방향 통신방식이기 때문에 정보전송면에서 가장 효율이 좋다(4선식 회선).

5.4 전송방식의 동기와 비동기

(1) 동기 전송 방식

① 일반적인 동기 전송 방식

- 한 글자가 아닌 블록화된 사용자 데이터를 구성하여 전송하는데 사용자 데이터 앞에는 반드시 동기 문자가 필요하다.

- 사용자 데이터의 송수신시 타이밍(Timing)신호를 사용한다.

- 동기 문자 = 타이밍 신호

- 2,000[bps] 이상의 전송 속도에 사용된다.

- 전송효율이 좋다.

- 블록화된 사용자 데이터내에는 휴지 간격이 없다.

- 블록 단위로 송신하기 때문에 수신측 단말기에는 반드시 데이터를 저장할 Buffer가 필요하다.

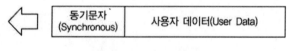

〈그림 5-4〉 동기 전송 방식

② 문자 동기 방식

- 동기문자로 송수신간의 신호를 동기 시킨다.

- 정보의 시작과 끝을 알리는 동기신호와 오류검출 부호를 포함한다.

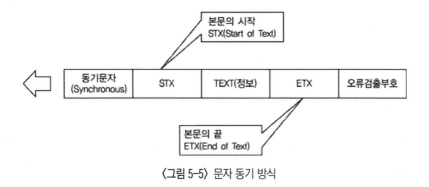

〈그림 5-5〉 문자 동기 방식

③ 비트 동기 방식

- 정보의 전후에 플래그(Flag)라는 특수한 형태의 비트(bit)열을 삽입하여 동기를 취하는 방식이다.

- SDLC 또는 HDLC Protocol에서 사용한다.

시작 플래그 Bit (10000001)	TEXT(정보)	종료 플래그 Bit (10000001)

〈그림 5-6〉 비트 동기 방식

 HDLC (High-Level Data Link Control)

HDLC는 데이터 통신의 OSI 7계층 모델의 제2 계층인 데이터 링크 계층에서 사용되는 전송 프로토콜로서 X.25 패킷 스위칭 네트웍내에서 사용된다. HDLC에서 데이터는 프레임이라고 불리는 단위로 이루어지며. 프레임은 네트웍을 통해 송신되고, 도착지에서는 성공적으로 도착하였는지를 검증한다. HDLC 프로토콜은 데이터 프레임 내에 데이터 흐름을 제어하고 에러를 보정할 수 있도록 하기 위한 정보를 끼워 넣는다.

⑵ 비동기 전송 방식

• 스타트-스톱(Start-Stop) 방식이라고 하며 한 글자씩 전송하기 때문에 글자의 시작과 끝에 스타트 비트(Start bit)와 스톱 비트(Stop bit)를 부가하여 글자의 시작과 끝을 알 수 있도록 한다. 때문에 동기를 위한 타이밍(Timing)신호가 없다.

• 2,000[bps] 이하의 전송 속도에 사용된다.

• 전송효율이 좋지 않다.

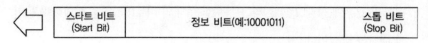

스타트 비트 (Start Bit)	정보 비트(예:10001011)	스톱 비트 (Stop Bit)

〈그림 5-7〉 비동기 전송 방식

⑶ 혼합형 전송 방식

• 동기 전송방식과 비동기 전송방식을 혼합한 형태의 전송방식으로 글자의 시작과 끝에 스타트 비트(Start bit)와 스톱 비트(Stop bit)를 부가하여야 하며, 동기를 위한 타이밍(Timing)신호도 필요하다.

5.5 전송방식의 연결

(1) 직렬 전송 방식

• 한 글자(1bit)씩 순차적으로 전송하기 때문에 동기신호가 필요하다. 때문에 병렬전송에 비해 전송 속도가 느리며, 시스템 구성이 복잡하다. 반면 경제적이며, 원거리 전송에 적합하다.

(2) 병렬 전송 방식

• 한 글자(8bit)씩 동시에 전송하기 때문에 동기신호가 불필요한 대신에 문자 간격을 식별하는 Strobe 신호가 필요하다. 전송 속도가 빠르고 근거리 전송에 적합하나 전송회선이 많아 비 경제적이며 시스템 구성이 단순하다.

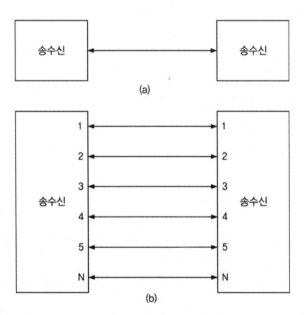

〈그림 5-8〉 (a) 직렬전송 (b) 병렬전송

5.6 전송방식의 통신회선

(1) 아날로그(Analoge Signal) 통신회선을 사용한 전송

- **아날로그 신호-아날로그 통신회선 : 전화(Telephone) 사용**

  일반 유선전화의 경우 아날로그 통신회선을 사용하며 교환기까지 아날로그 음성신호를 전송하게 된다.

- **디지털 신호-아날로그 통신회선 : 모뎀(Modem) 사용**

  유선전화의 통신회선을 이용하여 컴퓨터로 데이터를 전송하고자 할 때 유선전화의 통신회선은 아날로그이나 컴퓨터의 출력신호는 디지털이기 때문에 아날로그-디지털, 디지털-아날로그 신호로 변환하는 모뎀이 필요하다.

(2) 디지털(Digital Signal) 통신회선을 사용한 전송

- **아날로그 신호-디지털 통신회선 : 부호화기(Codec) 사용**

  광 섬유와 같은 디지털 통신회선에 아날로그 신호를 전송하고자할 때 아날로그-디지털 변환하는 장치인 부호화기가 필요하다.

- **디지털 신호-디지털 통신회선 : 디지털 회선 종단 장치(DSU) 사용**

  디지털 통신회선에 디지털 신호를 전송하고자 할 때는 DSU(Digital Service Unit)만 있으면 된다.

 DSU(Digital Service Unit)

데이터 서비스 장치는 디지털 전송장치로 기존 모뎀을 이용한 아날로그 전송방식에서 벗어나 고속, 양질의 데이터를 전송하는 장치입니다. 디지털 데이터를 Point to Point 또는 Point to Multi Point의 전용선로를 통하여 컴퓨터와  컴퓨터,컴퓨터와 각종 데이터 단말기 간의 원거리 고속데이타 통신이 가능하며, 동기 데이터는 물론 19,2Kbps 이하의 비동기, 직렬데이터의 송수신도 가능합니다.

5.7 전송방식의 통신망

(1) 회선 교환(Circuit Switching)

• 단말기와 교환기간의 통신회선을 통하여 데이터를 교환하는 방식이다.

• 데이터 전송 시간이 짧으며 전송 지연이 없다.

• 전화망과 같이 실시간 데이터 전송 시스템에 적합하다.

• 데이터의 연속 접속이 가능하다.

• 데이터의 전송속도의 변환이 불가능하다.

• 통신회선의 접속시에 데이터가 전송되지 않는 시간은 낭비된 시간이다.

(2) 메시지 교환(Message Switching)

• 데이터를 교환기가 수신하여 저장하였다가 전송하는 방식이다.

• 데이터를 여로 곳에 동시에 전송할 수 있다.

• 데이터의 전송속도의 변환이 가능하다.

• 메시지 전송을 특정한 시간에 보낼 수 있다.

• 실시간 데이터 전송 시스템으로 부적합하다.

(3) 패킷 교환(Packet Switching)

• 회선 교환과 메시지 교환의 장점을 최대로 살린 방식이다.

• 일정한 크기의 비트를 패킷 단위로 묶어서 전송한다.

• 대용량의 데이터 전송에 적합하다.

• 신뢰성이 요구되는 통신망에 적합하다.

> **NOTE** 패킷 교환과 메시지 교환의 차이
>
> - 패킷 교환
>   - 전송할 데이터의 길이가 정해져 있다.
>   - 전송할 메시지가 파일로 되어 있지 않다.
> - 메시지 교환
>   - 전송할 데이터의 길이가 정해져 있지 않다.
>   - 전송할 메시지가 파일로 되어 있다.

5.8 전송방식의 신호

(1) 펄스 진폭변조(PAM : Pulse Amplitude Modulation)

- 신호의 진폭이 증감함에 따라서 디지털 신호의 양자화 스텝 크기가 달라진다.
- 음성신호와 같은 아날로그 신호를 디지털 신호로 변환할 때 사용된다.
- 송신기는 펄스가 전송될 경우에만 작동한다.
- 펄스가 전송되지 않는 시간에는 다른 사용자의 펄스를 전송하여 다중통신이 이루어진다.

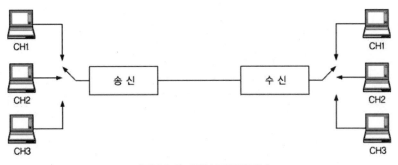

〈그림 5-9〉 3채널 PAM의 개념

(2) 펄스 부호변조(PCM : Pulse Code Modulation)

- 아날로그 신호를 양자화(Quantization)하여 디지털 신호를 얻고, 이를 2^n 레벨(n : 비트수)로 변환한 것이다.
- $n = 8bit$ 인 PCM은 $2^8 = 256$ 레벨의 양자화 스텝을 갖는다.
- 양자화 스텝을 신호의 크기에 따라 변화시킨 것이 컴팬더(Compandor)라 한다.
- 컴팬더(Compandor) = 압축(Compress) + 신장(Expand)의 준말이다.

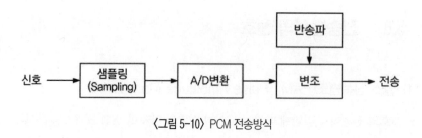

〈그림 5-10〉 PCM 전송방식

NOTE **PCM신호를 사용한 경우의 통신망의 동기**

• 독립 동기(Independent Synchronous) 방식 : 신호를 전송할 때 각국이 독립적으로 동기신호를 만들어 같이 보내는 방식이다.

〈그림 5-11〉 독립 동기 방식

• 종속 동기(Forced Synchronous) 방식 : 중앙 센터에서 동기신호를 받는 방식이다.

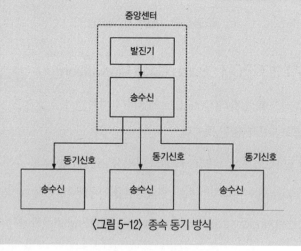

〈그림 5-12〉 종속 동기 방식

- 상호 동기(Mutual Synchronous) 방식 : 현시스템의 동기신호와 타시스템의 동기신호가 상호작용으로 동기신호를 만들어 내는 방식이다.

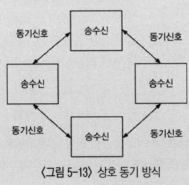

〈그림 5-13〉 상호 동기 방식

1. 전송선로에 흐르는 전류, 전압, 전력의 레벨을 자연대수로 나타낸 전송량의 단위는?

㉮ Neper 단위   ㉯ dB 단위

㉰ dB_m 단위   ㉱ dB_{mV} 단위

> **해설** Neper 단위 : 전송선로에 흐르는 전류, 전압, 전력의 레벨을 자연대수로 나타낸 값이다.
>
> dB 단위 : 전송선로에 흐르는 전류, 전압, 전력의 레벨을 상용대수로 나타낸 값이다.
>
> dB_m 단위 : 음성신호의 레벨측정에 많이 사용한다.
>
> dB_{mV} 단위 : 영상신호의 레벨측정에 많이 사용한다.

2. Neper의 단위를 옳게 나타낸 식은?(단, P_1 : 송신측의 전력, P_2 : 수신측의 전력, V_1 : 송신측의 전압, V_2 : 수신측의 전압, I_1 : 송신측의 전류, I_2 : 수신측의 전류)

㉮ $Neper = \log_e \dfrac{P_1}{P_2}$ ㉯ $Neper = \log_e \dfrac{V_2}{V_1}$

㉰ $Neper = \log_e \dfrac{I_2}{I_1}$ ㉱ $Neper = \dfrac{1}{2} \log_e \dfrac{P_1}{P_2}$

> **해설** $Neper = \dfrac{1}{2} \log_e \dfrac{P_1}{P_2} = \log_e \dfrac{V_1}{V_2} = \log_e \dfrac{I_1}{I_2} \, [Nep]$
>
> $1[Nep] \fallingdotseq 8.686[dB], \quad 1[dB] \fallingdotseq 0.115[Nep]$

정답   1. ㉮   2. ㉱

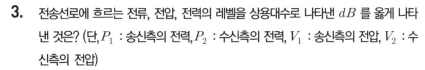

3. 전송선로에 흐르는 전류, 전압, 전력의 레벨을 상용대수로 나타낸 dB 를 옳게 나타 낸 것은? (단, P_1 : 송신측의 전력, P_2 : 수신측의 전력, V_1 : 송신측의 전압, V_2 : 수 신측의 전압)

㉮ $dB = 10\log_{10}\dfrac{P_2}{P_1}[dB]$ ㉯ $dB = 20\log_{10}\dfrac{V_1}{V_2}[dB]$

㉰ $dB = 10\log_{10}\dfrac{V_1}{V_2}[dB]$ ㉱ $dB = 20\log_{10}\dfrac{P_1}{P_2}[dB]$

해설 $dB = 10\log_{10}\dfrac{P_1}{P_2} = 20\log_{10}\dfrac{V_1}{V_2}[dB]$

4. 음성신호의 레벨측정에 많이 사용하는 dB_m 을 옳게 나타낸 것은?(단, P : 피측정신 호의 전력, $1[mW] = 1 \times 10^{-3}[W]$)

㉮ $dB_{mV} = 10\log_{10}\dfrac{V}{1[mV]}[dB_{mV}]$

㉯ $dB_{mV} = 10\log_{10}\dfrac{V}{10[mV]}[dB_{mV}]$

㉰ $dB_{mV} = 20\log_{10}\dfrac{V}{1[mV]}[dB_{mV}]$

㉱ $dB_{mV} = 20\log_{10}\dfrac{V}{10[mV]}[dB_{mV}]$

정답   3. ㉯   4. ㉰

5. 이동통신 기지국 또는 통신위성의 송신출력의 측정에 많이 사용하는 dB_w 를 옳게 나타낸 것은?(단, P : 피측정신호의 전력)

㉮ $dB_w = 10\log_{10}\dfrac{P}{1[W]}[dB_w]$

㉯ $dB_w = 10\log_{10}\dfrac{P}{10[mW]}[dB_w]$

㉰ $dB_w = 20\log_{10}\dfrac{P}{1[W]}[dB_w]$

㉱ $dB_w = 20\log_{10}\dfrac{P}{10[W]}[dB_w]$

6. 초당 전송하는 신호펄스의 수를 나타내는 통신 속도는?

㉮ 변조 속도   ㉯ 데이터 신호속도

㉰ 데이터 전송속도   ㉱ 베이러(Bearer) 속도

해설 전송속도(통신속도)

① 변조속도 : 초당 전송하는 신호펄스의 수를 나타낸다.

② 데이터 신호속도 : 초당 전송하는 비트 수를 나타낸다.

③ 데이터 전송속도 : 초당 전송하는 문자의 수를 나타낸다.

④ 베이러(Bearer) 속도 : 기저대(Baseband) 전송방식에서 데이터 신호, 동기 신호, 상태 신호를 포함한 전송 속도를 나타낸다.

⑤ TIRB(Transfer Rate of Information Bits) : 제어신호를 제외한 정보에 할당한 비트 수를 나타낸다. 유효 전달 속도라고도 한다.

정답 5. ㉮   6. ㉮

7. 다음 중 전송의 단위가 아닌 것은?

㉮ 비트(bit) ㉯ 데시벨(dB)

㉰ 비피에스(bps) ㉱ 보오(Baud)

> **해설** 전송의 단위
> ① 비트(Bit) : 정보를 표현하는 최소 단위로 1bit는 0,1을 표현할 수 있다.
> ② 비피에스(bps) : 정보 전송율의 기본 단위로서 1bps=1bit/sec 는 1초에 1bit 전송함을 표현한다.
> ③ 보오(Baud) : 정보 전송 속도의 단위로서 매초에 변화하는 신호의 상태를 나타낸다.

8. 비피에스(bps)에 대한 설명으로 잘못된 것은?

㉮ 4진 신호 레벨에서는 보오와 같다.

㉯ 정보의 전송율의 기보단위이다.

㉰ 1초에 1bit 전송하는 것을 표현한다.

㉱ 5단위 부호의 정보량은 $\log_2{}^5 = 5$ bits이다.

9. 통신 속도 100[Baud]의 전송 부호 최단 펄스(pulse)의 시간은?

㉮ 5[ms] ㉯ 10[ms]

㉰ 20[ms] ㉱ 50[ms]

> **해설** 통신 속도가 100[Baud]의 경우 Baud$= \dfrac{1}{T_p} = \dfrac{1}{100} = 10\,[ms]$ 이다.
> 따라서, 펄스의 시간이 짧으면 짧을수록 통신 속도가 빨라진다.

정답 7. ㉯ 8. ㉮ 9. ㉯

10. 다음 전송 방식 중 전송 반전에 따른 지연이 발생하는 방식은?

   ㉮ 전이중 방식   ㉯ 단방향 방식

   ㉰ 반이중 방식   ㉱ 직렬 전송 방식

11. 전이중 통신 시스템의 특징을 잘못 설명한 것은?

   ㉮ 선로의 회귀 시간을 줄일 수 있다.

   ㉯ 실제의 정보 교환은 반이중 통신으로 이루어진다.

   ㉰ 실제의 정보 교환은 단방향 통신으로 이루어진다.

   ㉱ 선로의 회귀 시간을 줄일 수 없다.

12. 양방향 전송이 가능한 통신 방식은?

   ㉮ 전이중 통신 방식(full duplex)   ㉯ 반이중 통신 방식(half duplex)

   ㉰ 단방향 통신 방식(simplex)   ㉱ 라디오(radio)

13. 4선식 화선이 필요한 전송 방식은?

   ㉮ 전이중 통신 방식   ㉯ 반이중 통신 방식

   ㉰ 단방향 통신 방식   ㉱ 라디오

   해설 전이중 통신 방식은 4선식 화선 통신 방식이다.

정답   10. ㉰   11. ㉱   12. ㉮   13. ㉯

14. 다음 중 데이터 전송 시스템에 주로 사용하고 있는 전송 방식은?

㉮ 직병렬 전송　　　　　　　㉯ 대역 전송
㉭ 병렬 전송　　　　　　　　㉰ 직렬 전송

15. 양방향 전송이 가능하나 어떤 경우에는 반드시 한쪽 방향으로만 전송이 이루어지는 통신방식은?

㉮ 반이중 통신 방식　　　　　㉯ 전이중 통신 방식
㉭ 단방향 통신 방식　　　　　㉰ 우회 통신 방식

16. 데이터 통신에서 전이중 통신 방식의 가장 큰 장점은?

㉮ 송신과 수신을 동시에 수행할 수 있다.
㉯ 데이터를 직렬로 전송할 수 있다.
㉭ 데이터를 병렬로 전송할 수 있다.
㉰ 비동기식 전송에 적합하다.

17. 한쪽 방향으로만 전송이 가능한 방식으로 수신측에서는 송신측에 응답할 수 없는 방식은?

㉮ 이중 통신(duplex)　　　　　㉯ 반이중 통신(half duplex)
㉭ 단방향 통신(simplex)　　　　㉰ 전이중 통신(full duplex)

정답　14. ㉰　　15. ㉮　　16. ㉮　　17. ㉭

18. 데이터 전송에서 통신로의 수를 적게 하여 화선의 전송대역을 효과적으로 사용할 수 있는 전송방식은?

㉮ 병렬 전송 방식   ㉯ 직렬 전송 방식

㉰ 비트 전송 방식   ㉱ 합성 전송 방식

19. 데이터 통신에서 정보를 2통신로 이상으로 분할하여 동시에 전송시키는 방식은?

㉮ 직렬 전송   ㉯ 대역 전송

㉰ 병렬 전송   ㉱ 합성 전송

20. 데이터 통신에서 에러 제어용 신호선을 갖는 방식으로 화선 구성이 간단하고 설치 비용이 저렴한 통신 방식은?

㉮ 반 이중 통신 방식   ㉯ 단방향 통신 방식

㉰ 전 이중 통신 방식   ㉱ 우회 통신 방식

21. 데이터 전송 방식에서 병렬 전송의 장점이 아닌 것은?

㉮ 전송 속도가 직렬 전송 보다 빠르다.

㉯ 정보는 여러 전송선으로 동시에 전송된다.

㉰ 전송 매체의 비용이 적게 든다.

㉱ 터미널의 구성이 직렬 전송보다 단순하다.

정답   18. ㉯   19. ㉰   20. ㉯   21. ㉰

22. 데이터 전송 방식에서 기저 대역(base band) 전송 방식의 장점은?

㉮ 시내 구간에서는 모뎀이 필요하기 때문에 전송품질이 좋아진다.

㉯ PCM방식과 정합이 용이하다.

㉰ AM방식과 정합이 용이하다.

㉱ 전화 회선망과는 별도의 통신망으로 구성되기 때문에 분할손이 생긴다.

23. 스트로브(strobe)신호와 비지(busy) 신호를 이용하여 전송하는 방식은?

㉮ 병렬 전송 방식   ㉯ 직렬 전송 방식

㉰ 동기식 전송 방식   ㉱ 비동기식 전송 방식

24. 병렬 전송에 대한 설명으로 옳지 않은 것은?

㉮ 근거리 전송에 이용된다.   ㉯ 전송 속도가 빠르다.

㉰ 직병렬 변환 회로가 필요하다.   ㉱ 전송로 비용이 상승한다.

25. 일반 전화망에 사용되는 방식은?

㉮ 전이중 통신 방식   ㉯ 반이중 통신 방식

㉰ 단방향 통신 방식   ㉱ 4중 통신 방식

정답   22. ㉯   23. ㉮   24. ㉰   25. ㉮

26. 이터 전송 방식에서 동기식 전송 방식의 특성이 아닌 것은?

㉮ 전송하는 글자들 사이에는 휴지 간격이 없다.

㉯ 데이터 묶음의 앞쪽에는 반드시 동기 문자가 있다.

㉰ 동기 문자는 송수신의 동기 유지를 위해 사용된다.

㉱ 동기는 글자 단위로 이루어진다.

27. 데이터 전송 방식에서 동기식 전송 방식의 종류에 해당하지 않는 것은?

㉮ 비트 지향형 동기 방식　　　　　　㉯ 문자 지향형 동기 방식

㉰ digit 동기 방식　　　　　　　　　㉱ 스타트-스톱(start-stop) 동기 방식

28. 비동기식 전송 방식의 특징으로 옳지 않은 것은?

㉮ 터미널은 버퍼 기억장치를 갖고 있어야 한다.

㉯ 각 글자의 앞뒤에 시작 및 정지 비트가 존재한다.

㉰ 터미널은 보통 1800bps를 넘지 않는다.

㉱ 각 글자 사이에는 휴지기간이 있을 수 있다.

29. 1000 보오(Baud)의 전송 속도를 갖는 전송 선로에서 신호 비트가 3bit이면 전송 속도는?

㉮ 1000[bps]　　　　　　　　　　　㉯ 2000[bps]

㉰ 3000[bps]　　　　　　　　　　　㉱ 4000[bps]

해설　전송속도 $=$ 변조속도 $\times$ 전송가능한 비트수 $= 1000[\mathrm{Baud}] \times 3$

$= 3000[bps]$

정답　26. ㉱　　　27. ㉱　　　28. ㉮　　　29. ㉯

30. 1000 보호(Baud)의 전송 속도를 갖는 전송 선로에서 4상식 위상 변조를 하면 전송 속도는?

㉮ 1000[bps]　　　　　　　　㉯ 2000[bps]

㉰ 3000[bps]　　　　　　　　㉱ 4000[bps]

> **해설** 4상식 위상 변조는 2비트 전송을 기본으로 한다.
>
> $$전송속도 = 변조속도 \times 전송가능한\ 비트수 = 1000[\text{Baud}] \times 2$$
> $$= 2000[bps]$$

31. 데이터 통신 방식에서 부호의 전송 방식에 관한 설명으로 옳은 것은?

㉮ 일반적으로 데이터의 전송은 직병렬 혼합 전송 방식이 채택된다.

㉯ 병렬 전송 방식은 전송 선로가 복잡해지는 단점이 있다.

㉰ 직렬 전송 방식은 송수신기가 절약된다.

㉱ 데이터 통신 방식에는 직렬 전송 방식, 병렬 전송 방식, 직병렬 혼합 방식이 있다.

32. 비동기식 전송 방식에 비해 동기식 전송 방식의 장점을 옳게 설명한 것은?

㉮ 속도가 낮은 전송에 사용될 수 있다.

㉯ 통신 채널을 효율적으로 이용할 수 있다.

㉰ 비동기식 보다 설치비용이 저렴하다.

㉱ 시스템 구조가 복잡하지 않다.

33. 다음 방식 중 비트 동기 방식과 블록 동기 방식을 모두 겸하고 있는 방식은?

㉮ 상호 동기 방식   ㉯ 플래그 동기 방식

㉰ 캐릭터 동기 방식   ㉱ 조보 동기 방식

> **해설** (1) **비트 동기 방식**
> ① 동기방식(synchronous system) : 단말기 상호간 통신을 위해 타이밍 신호를 사용한다.
> ② 비동기식 방식(asynchronous system) : 조보식(start-stop) 방식은 start bit와 stop bit를 사용한다.
>
> (2) **블록 동기 방식**
> ① 캐릭터(character) 동기 방식 : 8bit의 동기 방식으로 SYN 기호를 문자의 최초에 전송하여 블록 동기를 취한다.
> ② 플래그(flag) 동기 방식 : 정보의 처음과 마지막에 플래그 패턴(01111110)을 전송하여 동기를 취한다.
> ③ 조보(start-stop) 동기 방식 : 비트 동기 방식과 마찬가지로 start-stop bit로 1개의 block을 표시한다.

34. 혼합형 동기식 전송 방식의 특징에 해당하지 않는 것은?

㉮ 전송하는 글자 사이에 휴지 시간이 없어야 한다.

㉯ 동기식과 비동기식의 특성을 혼합한 형태이다.

㉰ 고속의 통신 속도를 갖는다.

㉱ 동기식의 경우처럼 송신측과 수신측이 동기 상태에 있어야 하며, 비동기식의 경우처럼 start bit와 stop bit를 갖고 있다.

> **해설** 혼합형 동기식 전송 방식은 동기식의 경우처럼 송신측과 수신측이 동기 상태에 있어야 하며, 비동기식의 경우처럼 start bit와 stop bit를 갖고 있다.

정답 33. ㉱   34. ㉮

35. 전송속도(통신속도)의 기본 공식을 옳게 나타내지 못한 것은?

㉮ 변조속도(M_V) : $M_V = \dfrac{1}{\text{펄스간격 } T(\sec)}$ [Baud]

㉯ 데이터 신호속도(S_V) : $S_V = \dfrac{\text{비트수(bit)}}{\text{변화점의최단시간 } T(\sec)}$ [bps]

㉰ 데이터 전송속도(T_V) : $T_V = \dfrac{\text{문자수}}{\text{전송에소요된총시간 } T}$ [문자/초]

㉱ 베이러(Bearer) 속도(B_V) : $B_V = \text{데이터신호속도}(SV) \times \dfrac{3}{4}$ [bps]

> **해설** 베이러(Bearer) 속도(B_V) : $B_V = \text{데이터신호속도}(SV) \times \dfrac{4}{3}$ [bps]

36. 채널 용량의 단위로 옳은 것은?

㉮ Baud ㉯ dB
㉰ Nepper ㉱ bps

37. 다음 동기 방식들에 관한 설명으로 옳지 않은 것은?

㉮ 개릭터 동기 방식에서는 start-stop 비트로 문자를 구분한다.
㉯ 망동기 방식에는 독립 동기와 종속 동기, 상호 동기 방식이 있다.
㉰ 플래그 동기 방식에서는 스타트 스톱비트(start-stop)로 문자를 구분한다.
㉱ 비동기 방식은 주로 저속 통신에 많이 사용한다.

> **해설** 망동기 방식 : 망동기 방식에는 독립 동기 방식, 상호 동기 방식, 종속 동기 방식 등이 있다.

정답 35. ㉱ 36. ㉱ 37. ㉮

38. 스트로브(strobe) 신호와 비지(busy)신호를 이용하여 전송하는 형태는?

⑦ 직렬 전송   ⑭ 병렬 전송

⑭ 동기식 전송   ㉑ 비동기식 전송

해설 **병렬 전송**

(1) 정의 : 다수 개의 비트열로 구성된 데이터를 각각의 통신회선으로 한 번에 전송하는 방식

(2) 정보의 전송 : 1문자가 전송된 후 계속적으로 다음 문장을 전송하면 문자와 문자 사이의 간격을 구분할 수 없기 때문에 스트로브(strobe)신호와 비지(busy) 신호를 이용하여 데이터 정보를 송수신 한다.

(3) 적용 : 근거리 데이터 통신에 사용한다.

39. 4선식 화선에서 가장 효과적인 통신 방식은?

⑦ 4중 통신 방식   ⑭ 반 2중 통신 방식

⑭ 전 2중 통신 방식   ㉑ 단방향 통신 방식

40. 데이터 전송 시스템에서 통신 방식의 분류에 해당하지 않는 것은?

⑦ 단방향 통신 방식   ⑭ 반 2중 통신 방식

⑭ 전 2중 통신 방식   ㉑ 우회 통신 방식

해설 **데이터 전송 시스템의 통신 방식**

① 단방향(one-way) 통신 방식 : 한방향으로 전송이 가능한 방식

② 반 2중(half-duplex) 통신 방식 : 비동기식이며 조건식 양방향 전송이 가능한 방식

③ 전 2중(full-duplex) 통신 방식 : 동시에 양방향 전송이 가능한 방식

정답 38. ⑭   39. ⑭   40. ㉑

41. 다음 전송 방식 중 양방향 전송이 가능하나 어느 순간에는 한 방향으로만 통신이 가능한 것은?

    ㉮ 단방향 통신 방식   ㉯ 반 2중 통신 방식

    ㉰ 전 2중 통신 방식   ㉱ 텔렉스

42. 펄스 코드 변조(PCM)에서 4kHz의 대역폭을 갖는 음성 신호를 6bit로 표본화하면 전송율은?

    ㉮ 16kbps   ㉯ 32kbps

    ㉰ 48kbps   ㉱ 56kbps

> **해설** 전화의 음성주파수 대역은 4kHz 이므로 매호 $2 \times 4000 = 8000$번의 샘플링이 필요하다.
> 때문에 6bit로 코딩한다면 전송율은 전송율 $= 6 \times 8000 = 48000 \text{bps} = 48 \text{Kbps}$

43. PCM 방식에서 원신호 파형의 주파수가 1[kHz]이고 표본화 주파수가 8[kHz]일 때 1주기당 PAM 신호는 몇 개인가?

    ㉮ 8   ㉯ 16

    ㉰ 32   ㉱ 64

44. 데이터 전송에 있어서 베이스 밴드(base band) 전송 방식의 장점이 아닌 것은?

    ㉮ 전화국에 설치된 단국 장치는 복수의 가입자가 이용할 수 있다.

    ㉯ PCM 방식과 정합이 용이하다.

    ㉰ 아날로그 신호와 디지털 신호를 혼합하여 사용할 수 있다.

    ㉱ 시내 구간에서는 모뎀이 필요 없어 회선 가격이 저렴하다.

> **해설** 베이스 밴드 전송 방식은 디지털 신호를 그대로 전송하거나 특성에 맞게 변환된 디지털 신호만을 전송한다.

정답 41. ㉯   42. ㉮   43. ㉮   44. ㉰

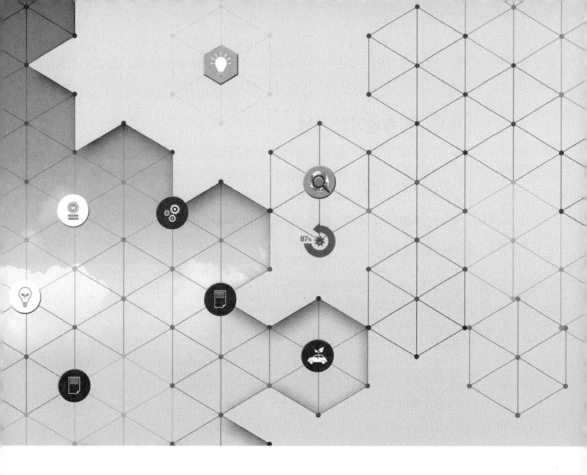

CHAPTER 6

전송제어

6.1 전송제어의 개념

(1) 전송제어의 개요

• 통신망을 통하여 데이터를 전송할 때 에러를 줄이기 위하여 수행되는 신호의 제어절차를 말한다.

(2) 전송제어 절차의 종류

• BASIC 전송제어 절차

• HDLC(High Level Data Link Control Procedure) 전송제어 절차

• 비동기 제어 절차

(3) 전송제어 절차의 기능

• **회선제어** : 통신회선을 제어한다.

• **동기제어** : 단말기간의 신호의 동기를 취한다.

• **에러제어** : 신호의 에러를 검출하고 정정한다.

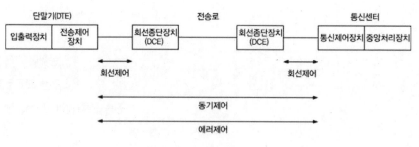

〈그림 6-1〉 전송제어 절차의 기능

⑷ 전송제어 절차

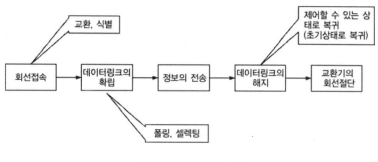

〈그림 6-2〉 전송제어 절차

① 회선접속

• 단말기간, 또는 단말기와 통신센터와 전기적으로 결합시키는 절차가 필요하다.

• 아날로그 통신회선에서는 모뎀(Modem)을 사용하고 디지털 통신회선에서는 DSU를 사용한다.

② 데이터 링크의 확립

• 송수신측이 이용 가능한 통신회선을 확보하는 절차로서 3가지 방법이 있다.

  - **회선경쟁 방식** : 다수의 단말기가 데이터를 동시에 전송하고자 할 때 사용한다. 포인트 투 포인트(Poin- to-Point) 회선에 이용한다.

  - **폴링 방식** : 주국이 종국에게 데이터 전송의 여부를 확인하고 정해진 순서에 따라서 데이터를 전송하는 방식이다. 멀티포인트(Multipoint) 회선에 이용한다.

  - **셀렉션 방식** : 종국이 데이터를 수신할 준비가 되있는지의 여부에 따라서 종국이 데이터를 전송할지를 결정하게 된다.

NOTE 주국, 종국, 제어국

- 주국 : 데이터나 정보를 전송하는 국
- 종국 : 데이터나 정보를 수신하는 국
- 제어국 : 데이터나 정보를 송수신할 때 신호를 제어하고 감시하는 국

③ 정보의 전송

- 데이터 링크가 확립되면, 즉 통신회선이 확립되면 데이터나 정보를 전송한다.

④ 데이터 링크의 해지(절단, 종결)

- 데이터나 정보의 전송이 종료되면 사용중인 통신회선 즉 데이터 링크를 해지함과 동시에 초기상태로 복귀시킨다.

⑤ 교환기의 회선 절단

- 교환기에서 사용중인 통신회선을 절단하고 다른 사용자가 사용할 수 있도록 초기화한다.

6.2 전송 프로토콜

(1) 프로토콜(Protocol)의 개념

- 시스템 간에 정보를 전송하기 위하여 정해 놓은 통신규약을 프로토콜 (Protocol)이라 한다.
- 시스템간에 정보를 전송하기 위하여 정해 놓은 약속이다.

(2) 프로토콜(Protocol)의 기능

- 정보의 분리(Segmentation)
- 정보의 조합(Reassembly)
- 정보의 투명성(Transparency)
- 정보의 요약화, 비요약화(Encapsulation, Decapsulation)
- 정보의 주소부여(Addressing)
- 정보의 흐름제어(Flow Control)
- 정보의 접속제어(Connection Control)
- 정보의 동기제어(Synchronization)
- 정보의 에러제어(Error Control)
- 정보의 우선순위 배정(Priority)
- 정보의 다중화(Multiplexing)

⑶ 프로토콜(Protocol)의 분류

• **단말기 프로토콜** : 단말기간에 정보를 전송하기 위한 통신규약 또는 통신절차

• **네트워크 프로토콜** : 단말기와 네트워크간에 정보를 전송하기 위한 통신규약 또는 회선제어 절차로 신호방식(Signalling)이라고도 한다.

⑷ OSI 7 Layer

프로토콜은 7개의 계층으로 구성되어 있으며 각 계층은 각기 다른 기능을 담당한다.

〈표 6-1〉 OSI 7 Layer

번호	구분	계층(Layer)	기 능
1	하위 계층	물리 계층 (Physical Layer)	정보 전송에 관한 전송 회선의 물리적인 기능을 담당
2		데이터링크 계층 (Data Link Layer)	입출력 제어, 회선 제어, 동기 제어, 에러 제어를 담당
3		네트워크 계층 (Network Layer)	네트워크 제어와 효율적인 라우팅을 위하여 패킷 단위로 분할하여 전송하는 것을 담당
4	상위 계층	전송 계층 (Transport Layer)	통신 시스템간의 데이터 전송 기능을 담당
5		세션 계층 (Session Layer)	통신 시스템간의 대화 기능을 담당
6		프레젠테이션 계층 (Presentation Layer)	응용 계층에서 데이트 해석하거나 전송할 수 있도록 데이터의 형태를 변환하는 기능을 담당
7		응용 계층 (Application Layer)	사용자가 이용할 다양한 응용 프로그램을 제공

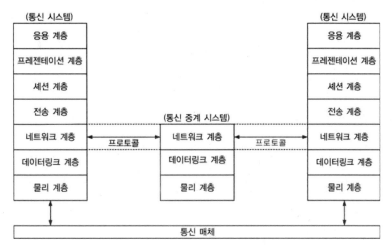

〈그림 6-3〉 OSI 7 Layer 모델

⑸ BASIC 전송제어 프로토콜 : 문자방식 프로토콜

① 개념

• 정보를 프레임(Frame) 단위로 전송하는데 프레임의 시작과 끝을 구분하는 제어문자를 사용하여 정보전송의 에러를 줄이는 방식이다.

② 프레임 구조

• 전송되는 정보는 문자 또는 문자열로 구성된다.

• Heading을 갖는 정보는 SOH로 시작하여 ETB로 끝난다.

| SOH | Heading | ETB | BCC |

| SOH | Heading | STX | 정보 | ETB | BCC |

| STX | 정보 | ETB | BCC |

〈그림 6-4〉 BASIC 전송 프레임의 구성

- Heading은 Text를 전송할 때의 보조정보이다.

- 정보전송에 있어서 에러를 검출하기 위하여 BCC(Block Check Character)를 사용한다.

③ 제어 문자

- 10개의 전송제어 문자를 사용한다.

- 단방향 통신, 반이중 통신, 전이중 통신의 전송방식을 사용한다.

- 블록마다 수신확인이 필요한 블록전송 방식이다.

- 기본모드와 확장모드가 있다.

〈표 6-2〉 전송제어 문자

기호	명칭	코드	내용
SOH	Start of Heading	01	Heading의 시작을 알린다.
STX	Start of Text	02	Heasing의 종료 및 정보의 시작을 알린다.
ETX	End of Text	03	정보의 종료를 알린다.
EOT	End of Transmission	04	정보전송의 종료 및 데이터 링크의 초기화
ENQ	Enquiry	05	상대 단말기의 데이터 링크의 설정 및 응답요구
ACK	Acknowledge	06	수신된 정보의 긍정 응답
DLE	Data Link Escape	10	다른 제어문자와 조합하여 의미를 다양화
NAK	Negative Acknowledge	15	수신된 정보의 부정 응답
SYN	Synchronous Idle	16	문자 동기의 유지
ETX	End of Text	17	전송블록의 종료를 알린다.

⑹ BSC 전송제어 프로토콜 : 문자방식 프로토콜

① 개념

- 1968년 IBM사에서 발표하여 지금까지 사용하고 있는 문자방식의 제어이다.
- BSC(Binay Synchronous Communication)는 반이중 전송 방식만 사용 가능하다.
- 포인트 투 포인트 방식과 멀티포인트 방식만 사용 가능하다.
- Stop-and-Wait ARQ 방식이라고도 한다.
- 정보지연이 있는 통신회선에는 부적합하다.
- 동일한 통신회선상의 단말기는 동일한 코드를 사용해야한다.

② 프레임 구조

- 정보가 긴 경우에 블록단위로 전송하며 블록의 시작과 끝에 ETB를 붙이고 정보의 끝에는 ETX를 붙인다.
- Heading은 정보를 전송할 때의 보조정보이다.
- 정보전송에 있어서 에러를 검출하기 위하여 BCC(Block Check Character)를 사용한다.

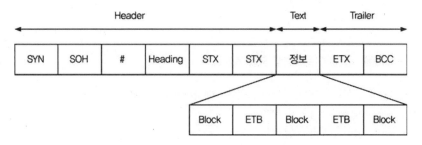

〈그림 6-5〉 BSC 전송 프레임의 구성

⑺ HDLC 전송제어 프로토콜 : 비트방식 프로토콜

① 개념

- HDLC(High Level Data Link Control Procedure)는 1974년 고속의 정보전송을 위하여 제정되었다.

- 정보를 프레임(Frame) 단위로 전송할 때 프레임내에 제어정보로서 명령과 응답신호를 전달하는 제어 절차이다.

- 단방향 통신, 반이중 통신, 전이중 통신에 사용한다.

- 정보전송의 신뢰성이 높다. (에러가 적다)

- 정보는 비트단위로 전송한다.

- 포인트 투 포인트, 멀티 포인트, 루프 등 대부분의 네트워크 접속에 적용할 수 있다.

② 프레임 구조

- **플래그(F : Flag) 시퀀스** : 2진수 1이 6개 연속적으로 나열되는 형태를 갖는다. 프레임의 개시 또는 종결을 나타낼 때 사용된다.

- **어드레스(A : Address)부** : 명령을 수신하는 2차국 또는 상대복합국의 어드레스를 정할 때 사용한다.

> **NOTE   HDLC에 있어서 국의 구성**
>
> - 1차국 : 데이터 링크를 제어하는 국으로 에러제어를 담당한다.
>   수신 : 응답 프레임을 수신한다.
>   송신 : 명령 프레임을 송신한다.
> - 2차국 : 1차국의 명령 프레임을 수신하여 응답 프레임을 송신한다.
>   수신 : 1차국의 명령 프레임
>   송신 : 응답 프레임

- 복합국 : 데이터 링크를 제어할 때 양쪽 모두에서 책임을 지는 형태로서 명령 프레임과 응답 프레임 양쪽을 송수신 한다.
  수신 : 명령 프레임, 응답 프레임
  송신 : 명령 프레임, 응답 프레임

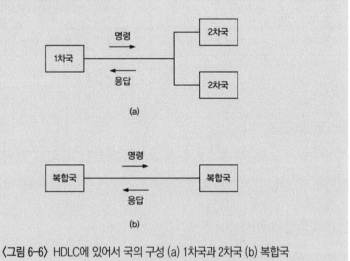

〈그림 6-6〉 HDLC에 있어서 국의 구성 (a) 1차국과 2차국 (b) 복합국

- **제어부**(C : Control) : 1차국이 어드레스를 지정하는 2차국의 동작을 명령하거나 2차국이 명령에 응답할 때 사용한다.

  - **정보 전송(I) 형식** : 정보 전송용 프레임으로 사용한다.

  - **감시(S) 형식** : 데이터 링크를 감시 제어할 때 사용한다.

  - **비번호제(U) 형식** : 데이터 링크 감시 기능을 확장할 때 사용한다.

- **정보부**(I : Iformation) : 이용자 사이에 교환하는 정보가 들어 있는 부분으로 비트 시퀀스나 비트수에 제한을 받지 않는다. 때문에 HDLC 절차는 비트 정보를 전송하는 컴퓨터간의 통신에 주로 사용한다.

- **프레임 검사 시퀀스**(FCS : Frame Check Sequence) : 어드레스부, 제어부, 정보부에 에러가 있는지 없는지의 여부를 검사하기 위한 에러 검출용의 다항식

으로 사용된다. 오류 검출에는 CRC(Cyclic Redundancy Check Code)코드를 사용한다.

플래그 시퀀스 (F)	어드래스부 (A)	제어부 (C)	정보부 (C)	프레임검사 시퀀스 (FCS)	플래그 시퀀스 (F)
01111110	8 bit	8 bit	임의	16 또는 32 bit	01111110

〈그림 6-7〉 HDLC 전송 프레임의 구성

③ 데이터 전송 모드

데이터 전송 모드에는 초기모드, 동작모드, 종료모드가 있다. 특히 동작모드는 데이터 링크에 의하여 접속되고 데이터를 전송할 수 있는 상태를 말한다.

• 초기 모드 : 데이터 링크를 초기화하는 모드이다.

• 종료 모드 : 데이터 링크를 종료 시키는 모드이다.

• 정규 응답 모드(NRM : Normal Response Mode) : 2차국이 1차국으로부터 통신허가를 받아 응답할 수 있는 모드이다.

• 비동기 응답 모드(ARM : Asynchronous Response Mode) : 2차국이 1차국의 통신허가를 받지 않고 응답할 수 있는 모드이다.

• 비동기 평형 모드(ABM : Asynchronous Balanced Mode) : 복합국간의 허가 없이 명령, 응답을 송수신할 수 있는 모드이다.

6.3　전송 오류(에러 : Error) 제어

(1) 에러의 개념

- 단말기간 또는 단말기와 통신시스템간의 통신에 있어서 주파수 혼신, 감쇠, 잡음등의 영향으로 데이터 또는 정보전송에 오류(에러 : Error)가 발생한다.
- 데이터 또는 정보의 오류를 검출하고 정정하는 것을 전송 오류제어라 한다.

(2) 에러의 형태

- **렌덤(Random) 에러** : 에러가 불규칙하게 발생하는 것을 말하며, 주로 위성통신에서 발생한다.
- **버스트(Burst) 에러** : 유선 또는 무선통신에서 페이딩(Fading)이나 임펄스성 잡음에 의하여 발생한다. 한번 발생하면 집중적으로 발생하는 특징이 있다.

(3) 에러의 기본 공식

① 비트(bit) 에러율

- 데이터를 전송하는데 사용한 총 비트수와 이때 발생한 에러의 총 비트수의 비로 정의된다.

$$E = \frac{E_{Bit}}{T_{Bit}}$$

E_{Bit} : 발생한 에러의 총 비트수　　T_{Bit} : 전송한 데이터의 총 비트수

② 블록(Block) 에러율

- 데이터를 전송하는데 사용한 총 블록수와 이때 발생한 에러의 총 블록수의 비로 정의된다.

$$B = \frac{E_{Block}}{T_{Block}}$$

E_{Block} : 발생한 에러의 총 블록수 T_{Block} : 전송한 데이터의 총 블록수

③ 문자(Character) 에러율

• 전송한 문자의 총수와 수신하였을 때 발생한 에러의 총수의 비로 정의된다.

$$C = \frac{E_{Character}}{T_{Character}}$$

$E_{Character}$: 에러의 총 문자수, $T_{Character}$: 전송한 문자의 총수

(4) 에러 검출 방식

① 패리티 검사 (PC : Parity Check)

가장 일반적인 에러 검출 방식으로서 에러 발생율이 적고 정보 비트 수가 적은
경우에 주로 사용한다.

• **기수(Odd) 패리티 검사** : 1의 비트 수가 항상 홀수가 되도록 하는 방식

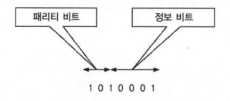

〈그림 6-8〉 기수 패리티 검사

• **우수(Even) 패리티 검사** : 1의 비트 수가 항상 짝수가 되도록 하는 방식

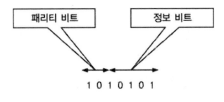

〈그림 6-9〉 우수 패리티 검사

② 순환 중복 검사(CRC : Cyclic Redundancy Check)

- 패리티 검사와 같이 정보 비트에 패리티 비트를 추가하는 잉여 비트가 필요 없다.
- 다항식 코드(Polynomial)를 이용하여 데이터의 집단 오류를 검출하는 방식 이다.
- FCS(Frame Check Sequence)를 계산할 때 생성 다항식 코드가 필요하다.
- FCS를 프레임 끝에 추가하여 사용하기 때문에 FCS를 BCC(Block Check Character)라고도 한다.

NOTE   CRC의 FCS계산

- 입력 데이터가 10001101_2라고 가정하자.
- 입력 데이터의 자리수를 고려한 다항식의 표현은 다음과 같다.

    자리수 ⟶ 7 6 5 4 3 2 1 0
         1 0 0 0 1 1 0 1 ◀── 입력 데이터

$$I(x) = x^7 + x^3 + x^2 + x^0 = x^7 + x^3 + x^2 + 1$$

- 생성 다항식이 $G(x) = x^5 + x^4 + x = 1$이라 하면 입력 데이터의 다항식에 최고차 항을 곱하여 다음과 같이 구한다.

$$\frac{x^5 I(x)}{G(x)} = \frac{x^5(x^7 + x^3 + x^2 + 1)}{x^5 + x^4 + x + 1} = \frac{x^{12} + x^8 + x^7 + x^5}{x^5 + x^4 + x + 1}$$

몫 : $x^7 + x^6 + x^5 + x^4 + x^3 + 1$ (11111001_2)
나머지 : $x^4 + x^3 + x + 1$ (11011_2)

- 전송 다항식T(x)를 구하여 전송한다.

$$T(x) = I(x) + 나머지\,(FCS코드)$$

T(x) : 1 0 0 0 1 1 0 1 1 1 0 1 1

I(x)   FCS 코드

- 수신측에서 T(x)를 생성 다항식 G(x)로 나누어 나머지의 유무를 확인한다.
  나머지 있음 : 에러 있음
  나머지 없음 : 에러 없음

③ 에러 제어용 코드를 부가한 방식

- **수직 패리티 검사** : 수직방향으로 각 데이터 비트에 1의 패리티 비트를 추가
  하여 1의 우수(짝수)이면 0, 기수(홀수)이면 1로 판정한다.

- **수평 패리티 검사** : 수평방향으로 각 데이터 비트에 1의 패리티 비트를 추가
  하여 1의 우수(짝수)이면 0, 기수(홀수)이면 1로 판정한다.

- **수직-수평 패리티 검사** : 수직 패리티 검사와 수평 패리티 검사를 동시에 수행
  하는 방법이다.

- **군계수 체크 검사** : 각 행의 1의 수를 2진수로 계수한 다음, 아래 2자리의 결
  과를 정보 부호의 다음에 추가하는 방식이다.

- **정 마크, 정 스페이스 방식** : 데이터 비트에서 ˝1˝ 또는 ˝0˝의 수가 일정한 부
  호만 유효한 부호로 인정하고 그 밖의 부호는 에러로 판정하는 방식이다.(대
  표적인 방식 : 2 of 5 부호, Biquinary 부호)

패리티 비트　　　　　　　　　　　　　　　　패리티 비트

데　0100　　　　　　데　0100　1　　　　　　데　0100　1
이　0101　　　　　　이　0101　0　　　　　　이　0101　0
터　1010　　　　　　터　1010　0　　　　　　터　1010　0
비　0001　　　　　　비　0001　1　　　　　　비　0001　1
트　　　　　　　　　트　　　　　　　　　　트
패리티 비트　**1010**　　　　　　　　　　　　패리티 비트　**1010**

　(a) 수직 패리티 검사　　　　　(b) 수평 패리티 검사　　　　(c) 수직-수평 패리티 검사

〈그림 6-10〉 에러 제어용 코드를 부가한 방식

④ 블록 합 검사(BSC : Block sum Check)

• 수평, 수직 패리티 검사와 같이 데이터 비트에 패리티 비트를 추가하여 생성
된 비트열의 합을 이용한 검사를 블록 합 검사라 한다.

(5) 에러 제어 방식

① 순방향 에러 제어(FEC : Forward Error Correction)

순방향 에러 제어는 송신측에서 데이터 비트에 에러 검출 코드를 첨가하여 전송
하여 수신측에서 에러 검출을 하도록 하는 방식이다.

• **블록 코드(Block Code)** : 데이터를 일정한 크기의 블록으로 나누어 부호화하
고 에러제어를 하는 방식을 말한다.
(예 : 하밍코드, CRC코드, BCH코드)

• **콘볼류션 코드(Convolution Code)** : 트리(Tree) 부호라고도 하며 전후의 블
록내 코드의 상호관계를 이용하여 부호화 하는 방식이다. 에러의 수정효율이
좋다.
(예 : 비터비(Viterbi)코드, 위너(Wyner)코드, 자기 직교(Self-Orthogonal)코드)

• **하밍 코드(Hamming Code)** : 데이터 비트와 에러 제어 비트로 구성되어 있어
에러의 검출 및 정정을 수행할 수 있는 코드이다.

- **하밍 거리(HD : Hamming Distance)** : 비트수가 같은 2진 부호에 있어서 대응되는 비트값이 일치하지 않는 코드의 개수를 말한다.

- **하밍 무게(Hamming Weight)** : 데이터 비트에서 0이 아닌 비트의 개수로서 코드사이의 최소거리(d_{min})가 홀수, 짝수에 따라서 정정할 수 에러의 개수가 정해진다.

💡 **NOTE** **하밍 코드(Hamming Code)의 최소거리와 비트 수**

- 하밍 코드의 최소거리(d_{min}) : $d_{min} \geq 2n+1$
  n : 정정하고자 하는 에러의 개수
  d_{min} 이 짝수 : ($d_{min}/2$)-1개의 에러를 정정
  d_{min} 이 홀수 : (d_{min}-1)/2개의 에러를 정정
- 하밍 코드의 비트수(n) : $n = m + p$
  n : 전송하려는 총 비트(bit) 수
  m : 데이터 비트(bit) 수
  p : 하밍 비트 수

- BCH 코드(Bose-Chaudhuri-Hocquenghen)

  - 3명의 발명자의 이름에서 유래된 코드이다.

  - 대표적인 랜덤 에러 정정 코드로서 복수개의 에러를 정정할 수 있다.

  - BCH의 대표적인 코드에는 Reed-Solomon 코드가 있다.

  - BCH 코드의 수(n) : $n = 2^m - 1$ (m : 2보다 큰 임의의 정수)

  - 코드당 패리티 코드의 수 : $n - k \leq mt$

<표 6-3> BCH 코드의 생성 다항식

n	k	t	생성 다항식			
7	4	1			1	011
15	11	1			10	011
15	7	2		111	010	001
15	5	3	10	100	110	111

예제 6.1 $n=15, k=7, t=2$ 에 있어서 생성 다항식을 구하라.

[풀이] $G(x)$

$= 1 \cdot x^8 + 1 \cdot x^7 + 1 \cdot x^6 + 1 \cdot x^5 + 0 \cdot x^4 + 1 \cdot x^3 + 0 \cdot x^2 + 0 \cdot x + 1$

$= x^8 + x^7 + x^6 + x^4 + 1$

② 역방향 에러 제어(BEC : Backward Error Correction)

• 역방향 에러 제어는 수신측에서 에러 검출을 위하여 송신측에 에러 검출을 위한 코드를 요구하는 방식이다.

③ 자동 재 전송 제어(ARQ : Automatic Repeat Request)

데이터의 송수신에 있어서 에러가 발생하면 수신측에서 송신측으로 에러가 발생하였음을 알리고, 송신측은 에러가 발생한 프레임의 블록을 재전송하는 방식이다.

• **정지-대기 ARQ(Stop-Wait ARQ) 방식** : 송신측에서 한 개의 데이터 블록을 전송한 후 수신측에서 에러를 점검하여 ACK나 NAK 신호를 보내올 때까지 기다리는 방식이다.

- ARQ 방식중에서 가장 간단한 방식이다.

- 신호를 재 전송할 채널이 필요하다.

- 효율 좋은 에러 검출 방식을 사용해야 한다.

- BSC 프로토콜에서 채택한 방식이다.

• **연속적 ARQ(Continuous ARQ)** : 정지-대기 ARQ에서는 한 개의 데이터 블록을 전송하나 연속적 ARQ에서는 데이터 블록을 연속적으로 전송하기 때문에 전파 지연이 긴 시스템에 적용하면 효과적이다.

- 반송 N 블록 ARQ(Go-Back-N ARQ) : 송신측이 NAK를 받으면 에러가 발생한 블록 이후의 모든 데이터를 재 전송하는 방식이다.

- 선별 ARQ(Selective ARQ) : 송신측이 NAK를 받으면 에러가 발생한 블록만 재 전송하는 방식이다.

• **적응적 ARQ(Adaptive ARQ)** : 데이터 블록의 크기를 조절하여 에러 검출 및 정정의 효율성을 극대화한 방식이다. 블록의 크기를 동적으로 변경하기 때문에 채널의 유휴시간이 발생하고 시스템이 복잡해지는 단점이 있다.

1. 다음 중 전송제어 절차의 종류에 해당하지 않는 것은?

㉮ BASIC 전송제어 절차

㉯ HDLC(High Level Data Link Control Procedure) 전송제어 절차

㉰ 비동기 제어 절차

㉱ 오류 제어 절차

2. 데이터 전송 제어의 절차를 옳게 나열한 것은?

㉮ 데이터링크 확립 → 회선 접속 → 정보의 전송 → 데이터링크 해제 → 회선 절단

㉯ 회선 접속 → 데이터링크 확립 → 정보의 전송 → 데이터링크 해제 → 회선 절단

㉰ 데이터링크 확립 → 회선 접속 → 정보의 전송 → 회선 절단 → 데이터링크 해제

㉱ 회선 접속 → 데이터일크 확립 → 정보의 전송 → 회선 절단 → 데이터링크 해제

> **해설** 전송 제어의 절차
> ① 회선 접속 → ② 데이터링크 확립 → ③ 정보 전송 → ④ 데이터링크 해제 → ⑤ 회선 절단

3. 다음 중 전송 제어의 기능에 해당하지 않는 것은?

㉮ 회선 제어   ㉯ 동기 제어

㉰ 지연 제어   ㉱ 에러 제어

> **해설** 전송제어의 기능
> ① 회선제어 : 통신회선을 제어한다.
> ② 동기제어 : 단말기간의 신호의 동기를 취한다.
> ③ 에러제어 : 신호의 에러를 검출하고 정정한다.

정답 1. ㉱   2. ㉯   3. ㉰

4. 다음 중 프로토콜(protocol)의 기능에 해당하지 않는 것은?

    ㉮ 역 다중화   ㉯ 동기 제어

    ㉰ 라우팅(routing)   ㉱ 요약화(encapsulation)

5. 시스템간의 정보교환을 원활히 하기 위한 통신 규약을 무엇이라 하는가?

    ㉮ software   ㉯ protocol

    ㉰ framing   ㉱ handshaking

6. OSI 7 layer의 1 계층이 수행하는 역할은?

    ㉮ 회선제어, 동기제어, 오류 제어와 같은 전송제어를 수행

    ㉯ 상위계층에게 virtual circuit 또는 datagram 서비스 제공

    ㉰ process 간의 대화 기능을 담당하는 기능을 제공

    ㉱ 물리적인 전송 매체를 통하여 비트 스트림(bit stream)을 전송

7. 다음 중 전송 제어에 해당하지 않는 것은?

    ㉮ 회선 제어   ㉯ 주소 제어

    ㉰ 동기 제어   ㉱ 오류 제어

8. 다음 중 전송 제어의 기능을 수행하는 계층(layer)는?

    ㉮ 계층 1(layer 1)   ㉯ 계층 2(layer 2)

    ㉰ 계층 3(layer 3)   ㉱ 계층 4(layer 4)

정답   4. ㉮   5. ㉯   6. ㉱   7. ㉯   8. ㉮

9. 다음 중 경로 설정(routing) 기능을 담당하는 계층은?

㉮ 네트워크 계층   ㉯ 물리 계층

㉰ 전송 계층   ㉱ 세션 계층

10. 정보 전송에 관한 전송회선의 물리적인 기능을 담당하는 계층은?

㉮ 네트워크 계층   ㉯ 물리 계층

㉰ 전송 계층   ㉱ 응용 계층

11. 입출력 제어, 화선 제어, 동기 제어, 에러 제어를 담당하는 계층은?

㉮ 세션 계층   ㉯ 프레젠테이션 계층

㉰ 데이터링크 계층   ㉱ 전송 계층

12. 통신 시스템간의 대화 기능을 담당하는 계층은?

㉮ 세션 계층   ㉯ 프레젠테이션 계층

㉰ 데이터링크 계층   ㉱ 전송 계층

13. 응용 계층에서 데이틀 해석하거나 전송할 수 있도록 데이터의 형태를 변환하는 기능을 담당하는 계층은?

㉮ 세션 계층   ㉯ 프레젠테이션 계층

㉰ 데이터링크 계층   ㉱ 전송 계층

정답   9. ㉮   10. ㉯   11. ㉰   12. ㉮   13. ㉯

14. 다음 중 논리 링크 제어 및 매체 액세스 제어를 기술하고 있는 계층은?

㉮ 전송 계층   ㉯ 세션 계층

㉰ 데이터링크 계층   ㉱ 응용 계층

15. 다음 중 전송로의 개설과 유지, 해제를 담당하는 계층은?

㉮ 세션 계층   ㉯ 데이터링크 계층

㉰ 네트워크 계층   ㉱ 물리 계층

16. ISO의 OSI 7계층 중 4번째 계층은?

㉮ 전송 계층   ㉯ 세션 계층

㉰ 데이터링크 계층   ㉱ 프레젠테이션 계층

17. ISO 부호의 단위 비트(bit) 수는?

㉮ 4 bit   ㉯ 5 bit

㉰ 6 bit   ㉱ 7 bit

18. BASIC(문자방식 프로토콜)이나 HDLC(비트방식 프로토콜) 등의 전송 제어 절차는 어느 계층에 해당하는 프로코콜 인가?

㉮ 제2 계층의 데이터링크 프로토콜

㉯ 제3 계층의 네트워크 프로토콜

㉰ 제4 계층의 전공 프로토콜

㉱ 제5 계층의 세션 프로토콜

정답   14. ㉰   15. ㉯   16. ㉮   17. ㉰   18. ㉮

19. BASIC 전송 제어 캐릭터에서 전송 제어 기능을 추가하는 경우를 표시하는 약칭은?

㉮ ENQ ㉯ DLE
㉰ NAK ㉱ SYN

20. 기본형 데이터 전송제어 순서에서 사용되는 제어 캐릭터 중 최종 블록의 마지막에 부가되는 것은?

㉮ SOH ㉯ STX
㉰ ETX ㉱ ETB

21. BASIC 전송 모드의 전송 제어 절차에서 사용하는 전송 제어 캐릭터는 몇 개인가?

㉮ 10 ㉯ 20
㉰ 30 ㉱ 40

22. 문자 방식 프로토콜에서 정보가 긴 경우에 블록 단위로 나누어 전송하는데 이때 블록 뒤에 붙여 전송하는 제어 문자는?

㉮ ENQ ㉯ DLE
㉰ ETB ㉱ ETX

정답 19. ㉯   20. ㉱   21. ㉮   22. ㉰

23. BASIC(문자방식 프로토콜)의 전송 프레임 구조를 옳게 나타낸 것은?

㉮	STX	Heading	SOH	정보	ETB	BCC

㉯	Heading	STX	SOH	정보	ETB	BCC

㉰	SOH	Heading	STX	정보	ETB	BCC

㉱	Heading	SOH	STX	정보	ETB	BCC

24. BASIC 프로토콜에서 ENQ를 옳게 설명한 것은?

㉮ 수신한 메시지에 대한 긍정 응답이다.

㉯ 헤딩 개시를 의미한다.

㉰ 정보의 끝을 의미한다.

㉱ 회선 사용 요구에 관한 부호이다.

25. BCC 에러 검출에는 어떤 방식을 사용하는가?

㉮ 군 계수 체크 방식 ㉯ CRC 방식

㉰ 페러티(parity) 체크 방식 ㉱ BCH 방식

정답 23. ㉱   24. ㉱   25. ㉯

26. BASIC 프로토콜의 특징을 잘못 설명한 것은?

㉮ 데이터링크 형식은 루프(loop) 방식도 가능하다.

㉯ 반이중(half-duplex) 통신 방식에 사용된다.

㉰ 문자 방식 프로토콜이다.

㉱ 에러 제어 방식으로 stop-and-wait ARQ를 사용한다.

> **해설** BASIC 프로토콜의 데이터링크 형식은 포인트 투 포인트(point-to-point)와 멀티포인트(multipoint)만 가능하다.

27. 회선 경쟁 선택(contention)방식의 프로토콜을 옳게 설명한 것은?

㉮ 멀티포이트 회선에 많이 사용한다.

㉯ 통신량, 사용 빈도에 따라서 경쟁 선택의 기회를 차등적으로 부여할 수 있다.

㉰ 동시에 경쟁 선택이 발생할 경우라도 데이터가 충돌하여 유실되는 경우가 없다.

㉱ 토큰링, 토큰 버스 프로토콜을 사용한다.

> **해설** 회선 경쟁 선택 방식은 포인트 투 포인트(point-to-point) 회선에 사용하며, 토큰링, 토큰 버스와 같은 프로토콜을 사용한다.

28. HDLC(비트방식 프로토콜)에 대한 설명으로 옳지 않은 것은?

㉮ BASIC 전송 제어 절차 보다 진보된 전송 제어 절차이다.

㉯ 저속 데이터 전송에 적합한 전송 제어 절차이다.

㉰ VLSI의 개발 등에 의해 쉽게 HDLC를 사용할 수 있다.

㉱ 컴퓨터 네트워크에 적합한 전송 제어 절차이다.

> **해설** HDLC는 고속 데이터 전송에 적합한 전송 제어 절차이다.

정답 26. ㉮   27. ㉱   28. ㉯

29. HDLC 프로토콜에 대한 설명으로 잘못된 것은?

㉮ 단방향, 반이중, 전이중 방식이 모두 가능하다.

㉯ 포인트 투 포인트, 멀티 포인트, 루프 등 모두 가능하다.

㉰ 문자 방식의 프로토콜이다.

㉱ 에러 제어는 연속적 ARQ 방식을 사용한다.

30. HDLC 프로토콜에서 사용되는 국의 종류가 아닌 것은?

㉮ 주국   ㉯ 1차국

㉰ 2차국   ㉱ 복합국

31. 다음은 HDLC 전송 프레임의 구성을 나타낸 것이다. (a), (b)에 들어갈 비트수를 옳게 나타낸 것은?

플래그 시퀀스 (F)	어드레스부 (A)	제어부 (C)	정보부 (C)	프레임검사 시퀀스 (FCS)	플래그 시퀀스 (F)
01111110	(a) bit	(b) bit	임의	16 또는 32 bit	01111110

㉮ (a) 4, (b) 8   ㉯ (a) 8, (b) 8

㉰ (a) 8, (b) 16   ㉱ (a) 16, (b) 8

32. HDLC 전송 프레임에서 프레임검사 시퀀스의 비트 수는?

㉮ 4 bit   ㉯ 8 bit

㉰ 12 bit   ㉱ 16bit 또는 32bit

정답 29. ㉰   30. ㉮   31. ㉯   32. ㉱

33. HDLC 전송 프레임에서 세 번째 전송되는 필드는?

  ㉮ 플래그 시퀀스   ㉯ 어드래스부

  ㉰ 제어부   ㉱ 정보부

34. HDLC의 데이터 전송 모드에 해당하지 않는 것은?

  ㉮ 절단 모드(DCM)   ㉯ 정규 응답 모드(NRM)

  ㉰ 비동기 응답 모드(ARM) ㉱ 비동기 평형 모드(ABM)

  해설 HDLC의 데이터 전송 모드

35. HDLC 프로토콜 데이터 전송 모드에서 복합국간에 통신하는 방식을 무엇이라 하는가?

  ㉮ 초기 모드   ㉯ 정규 응답 모드(NRM)

  ㉰ 비동기 응답 모드(ARM) ㉱ 비동기 평형 모드(ABM)

  해설 비동기 평형 모드(ABM : Asynchronous Balanced Mode) : 복합국간의 허가 없이 명령, 응답을 송수신할 수 있는 모드이다.

정답   33. ㉰   34. ㉮   35. ㉱

36. HDLC 프로토콜 데이터 전송 모드에서 2차국이 1차국으로부터 통신허가를 받아 응답하는 모드는?

㉮ 초기 모드   ㉯ 정규 응답 모드(NRM)

㉰ 비동기 응답 모드(ARM)   ㉱ 비동기 평형 모드(ABM)

> 해설 정규 응답 모드(NRM : Normal Response Mode) : 2차국이 1차국으로부터 통신허가를 받아 응답 할 수 있는 모드이다.

37. HDLC 프로토콜 데이터 전송 모드에서 2차국이 1차국의 통신허가를 받지 않고 응답하는 모드는?

㉮ 초기 모드   ㉯ 정규 응답 모드(NRM)

㉰ 비동기 응답 모드(ARM)   ㉱ 비동기 평형 모드(ABM)

> 해설 비동기 응답 모드(ARM : Asynchronous Response Mode) : 2차국이 1차국의 통신허가를 받지 않고 응답할 수 있는 모드이다.

38. HDLC 프로토콜인 비동기 응답 모드(ARM)의 기본 순서 class는?

㉮ UAC   ㉯ UNC

㉰ BAC   ㉱ BNC

> 해설 비동기 응답 모드(ARM)의 기본 순서 class : UNC
> 비동기 평형 모드(ABM)의 기본 순서 class : BAC

정답   36. ㉯   37. ㉰   38. ㉮

39. 에러의 기본 공식에 포함되지 않는 것은?

    ㉮ 비트(bit) 에러율   ㉯ 블록(Block) 에러율

    ㉰ 문자(Character) 에러율   ㉱ 바이트(byte) 에러율

    해설 에러율의 종류

        ① 비트(bit) 에러율, ② 블록(Block) 에러율, ③ 문자(Character) 에러율

40. 패러티(parity check)를 하는 이유를 옳게 설명한 것은?

    ㉮ 전송된 부호의 용량을 검사하기 위하여

    ㉯ 검출된 오류를 정정하기 위하여

    ㉰ 전송된 부호의 오류를 검출하기 위하여

    ㉱ 중계선로의 중계용량을 측정하기 위하여

41. 비트(bit) 에러율의 정의를 옳게 설명한 것은?

    ㉮ 수신된 비트수에 대한 잘못된 비트수의 비율이다.

    ㉯ 송신한 비트 수에 대한 잘못 수신된 비트수의 비율이다.

    ㉰ 송신한 비트수와 수신한 비트수를 합한 비트수에 대한 수신된 비트수의 비율이다.

    ㉱ 송신한 비트수와 수신된 비트수의 차를 말한다.

    해설 (1) 정의 : 데이터를 전송하는데 사용한 총 비트수와 이때 발생한 에러의 총 비트수의
                비로 정의된다.

       (2) 식 : $E = \dfrac{E_{Bit}}{T_{Bit}}$ (E_{Bit} : 발생한 에러의 총 비트수, T_{Bit} : 전송한 데이터의 총 비트수)

정답   39. ㉱   40. ㉰   41. ㉯

42. 블록(Block) 에러율을 옳게 나타낸 식은?(단, E_{Block} : 발생한 에러의 총 블록수, T_{Block} : 전송한 데이터의 총 블록수)

㉮ $B = T_{Block} - E_{Block}$ ㉯ $B = \dfrac{T_{Block}}{E_{Block}}$

㉰ $B = T_{Block} + E_{Block}$ ㉱ $B = \dfrac{E_{Block}}{T_{Block}}$

> **해설** 블록(Block) 에러율은 데이터를 전송하는데 사용한 총 블록수와 이때 발생한 에러의 총 블록수의 비로 정의된다.
>
> $$B = \dfrac{E_{Block}}{T_{Block}}$$

43. 문자(Character) 에러율을 옳게 나타낸 것은?

(단, $E_{Character}$: 에러의 총 문자수, $T_{Character}$: 전송한 문자의 총수)

㉮ $C = \dfrac{(T_{Character})^2}{E_{Character}}$ ㉯ $C = \dfrac{T_{Character}}{E_{Character}}$

㉰ $C = \dfrac{E_{Character}}{T_{Character}}$ ㉱ $C = 2\left(\dfrac{E_{Character}}{T_{Character}}\right)$

> **해설** 문자(Character) 에러율은 전송한 문자의 총수와 수신하였을 때 발생한 에러의 총수의 비로 정의된다.
>
> $$C = \dfrac{E_{Character}}{T_{Character}}$$

정답   42. ㉱   43. ㉰

44. 정보를 나타내는 부호에 여분으로 한 자리를 추가하여 사용하는 검출용 비트는?

    ㉮ 패리티 비트(parity bit)   ㉯ 에러 비트(error bit)

    ㉰ 체크 비트(check bit)   ㉱ 워드 패리티(word parity)

45. 패리티 비트를 사용할 때의 현상과 관계없는 사항은?

    ㉮ 반드시 1비트의 오차가 발생한다.

    ㉯ 2개 이상의 비트에 오차가 발생할 경우는 극히 적다.

    ㉰ 오차가 발생할 확률이 극히 작다.

    ㉱ 동시에 2비트의 오차를 검사할 수 있다.

46. 다음 중 데이터 전송계의 에러 검출 방식이 아닌 것은?

    ㉮ 수평 수직 마크 제어 방식   ㉯ 수직 패리티 방식

    ㉰ 군계수(郡計數) 체크 방식   ㉱ 정마크 부호 방식

    해설 에러 제어용 코드를 부가하는 방식

        ① 수직 패리티 방식

        ② 수평 패리티 방식

        ③ 수평, 수직 패리티 방식

        ④ 군계수(郡計數) 체크 방식

        ⑤ 정마크 부호 방식

정답   44. ㉮   45. ㉱   46. ㉮

47. 데이터 전송에 있어서 송신측에서 각 문자를 부호화 할 때에 부호 중에서 1″의 수가 항상 일정한 수가 되도록 새로 부호를 조립해서 송출함으로서 수신측에서 오류를 검출하는 방식은?

㉮ 수직 패리티 방식   ㉯ 정 마크 방식

㉰ 수평 패리티 방식   ㉱ 기수 패리티 방식

> **해설** 정 마크 방식 : 1″ 또는 0″의 수가 일정한 부호만 유효하고 다른 부호는 에러로 하는 방식이다.

48. 수신 장치에서 송신된 데이터의 에러 비트를 검출하고 정정할 수 있는 방식은?

㉮ Bit stuffing   ㉯ HDBn

㉰ FEC   ㉱ ARQ

49. 수평, 수직 패리티 체크 방식의 경우 다음표의 (1), (2), (3)에 들어갈 비트열은?

1 0 1 0 1 0 1 0	0
0 0 1 1 0 0 0 1	1
0 1 0 0 0 1 1 0	1
1 0 0 0 1 1 0 1	0
1 0 0 1 1 0 1 0	0
1 1 0 0 1 0 (1)(2)	(3)

㉮ 011   ㉯ 100

㉰ 101   ㉱ 111

정답 47. ㉯   48. ㉰   49. ㉯

50. 데이터 전송에 있어서 수평 방식에 1″의 수를 2진수로 계수하고 그 계수 결과에 체크 부호를 첨가하여 송출하는 방식은?

㉮ 정마크 방식 ㉯ 군계수 체크 방식
㉰ 수직 패리티 방식 ㉱ 수평, 수직 패리티 방식

51. 수직 패리티군의 검사는?

㉮ BCC ㉯ LRC
㉰ VRC ㉱ CRC

52. 에러 검출을 위해 데이터 블록 끝에 BCC를 첨가하는 방식은?

㉮ CRC ㉯ VRC
㉰ LRC ㉱ ARQ

> **해설** VRC와 LRC
> ① VRC(Vertical Redundancy Check) : 세로 열로 8번째 비트에 대하여 기수 패리티 비트를 취한다.
> ② LRC(Longitudinal Redundancy Check) : 가로 행의 모든 문자 비트를 배타적 OR로 처리하여 만든 패리티 비트열을 LRC 또는 BCC(Block Check Character), BCS(Block Check Sequence)라 한다.

정답 50. ㉯ 51. ㉰ 52. ㉰

53. ARQ 방식을 옳게 설명한 것은?

㉮ 에러를 정정하는 방식

㉯ 에러를 검출하는 방식

㉰ 부호를 전송하는 방식

㉱ 에러를 검출하여 재전송을 요구하는 방식

54. ARQ 방식의 특징을 잘못 설명한 것은?

㉮ 역 채널(reverse channel)이 필요없다.

㉯ 에러 발생시 송신측은 다음 프레임의 전송 대신에 에러가 발생한 프레임을 재전송해야 한다.

㉰ 송신측은 항시 수신측으로부터 프레임에 에러가 발생했다는 신호를 받아들일 수 있는 상태에 있어야 한다.

㉱ 송신측에 버퍼(buffer)가 필요하다.

해설 수신측에서는 전송되어온 데이터를 저장할 수 있는 버퍼(buffer)가 필요하다.

55. 다음 중 패리티 비트(pariti bit)를 잘못 설명한 것은?

㉮ 데이터의 표현을 자유롭게 하기 위하여 사용한다.

㉯ 기수(odd) 패리티 검사 방법이 있다.

㉰ 우수(even) 패리티 검사 방법이 있다.

㉱ 데이터의 오류를 판별하기 위아여 사용한다.

정답 53. ㉱   54. ㉱   55. ㉮

56. 순환 중복 검사(CRC)에 대하여 잘못 설명한 것은?

㉮ 패리티 검사와 같이 정보 비트에 패리티 비트를 추가하는 잉여 비트가 필요 있다.

㉯ 다항식 코드(Polynomial)를 이용하여 데이터의 집단 오류를 검출하는 방식이다.

㉰ FCS(Frame Check Sequence)를 계산할 때 생성 다항식 코드가 필요하다.

㉱ FCS를 프레임 끝에 추가하여 사용하기 때문에 FCS를 BCC(Block Check Character)라고도 한다.

> **해설** 순환 중복 검사(CRC)
> ① 패리티 검사와 같이 정보 비트에 패리티 비트를 추가하는 잉여 비트가 필요 없다.
> ② 다항식 코드(Polynomial)를 이용하여 데이터의 집단 오류를 검출하는 방식이다.
> ③ FCS(Frame Check Sequence)를 계산할 때 생성 다항식 코드가 필요하다.
> ④ FCS를 프레임 끝에 추가하여 사용하기 때문에 FCS를 BCC(Block Check Character)라고도 한다.

57. 데이터 비트 프레임에 잉여 비트를 추가하여 에러를 검출 수정하는 에러 제어 방식은?

㉮ 전진 에러 수정(FEC) ㉯ 블록 합 검사(BSC)
㉰ 순환 중복 검사(CRC) ㉱ 자동 재 전송(ARQ)

58. 순방향 에러 제어(FEC) 방식을 적용할 수 있는 분야가 아닌 것은?

㉮ 역 채널이 없는 경우

㉯ 4800[bps]이상의 속도에서 운용되는 시분할 다중화기에서 half-duplex로 운용되는 경우

㉰ 서로 다른 bit error rate을 요구하는 다수의 이용자를 수용하는 공중 반송 채널의 경우

㉱ 데이터가 연속적으로 전송되는 경우

> 해설 4800[bps]이상의 속도에서 운용되는 시분할 다중화기에서 full-duplex로 운용되는 경우

59. 다음 중 콘볼루션 코드(convolution code)의 종류에 해당하지 않는 코드는?

㉮ 위너(wyner) 코드 ㉯ 자기 직교(self-orthogonal) 코드

㉰ 비터비(viterbi) 코드 ㉱ 하밍(hamming) 코드

> 해설 콘볼루션 코드(convolution code)는 트리(Tree) 부호라고도 하며 전후의 블록내 코드의 상호관계를 이용하여 부호화 하는 방식이다. 에러의 수정 효율이 좋다.
>
> (예 : 비터비(Viterbi)코드, 위너(Wyner)코드, 자기 직교(Self-Orthogonal)코드)

60. 다음 중 블록 코드(block code)에 포함되지 않는 코드는?

㉮ CRC 코드 ㉯ 하밍(hamming) 코드

㉰ 콘볼루션(convolution) 코드 ㉱ BCH 코드

> 해설 블록 코드는 데이터를 일정한 크기의 블록으로 나누어 부호화하고 에러제어를 하는 방식이다. (예 : 하밍코드, CRC코드, BCH코드)

정답 58. ㉯   59. ㉱   60. ㉰

61. 콘볼루션(convolution code)의 특징을 잘못 설명한 것은?

㉮ 코딩(coding) 방식에는 shift register와 module-2 가산기를 이용한다.

㉯ 콘볼루션 코드의 종류에는 위너 코드, 비터비 코드 등이 있다.

㉰ 순방향 에러 제어 효율이 낮다.

㉱ 디코딩(decoding) 방식에는 threshold decoding과 sequential decoding을 이용한다.

62. 패리티 또는 BCC 발생 회로는 다음 중 무엇으로 구성하는가?

㉮ 배타적 OR 게이트   ㉯ 평형 변조기

㉰ 레벨 변환기   ㉱ 시프트 레지스터

63. 다음 중 잘못된 비트를 검출하여 정정할 수 있는 코드는?

㉮ ASCII code   ㉯ Excess-3 code

㉰ 하밍 코드(hamming code)   ㉱ 그레이 코드(gray code)

64. 다음 2진수의 데이터를 CRC 콘 다항식으로 나타낸 것 중 옳은 것은?

$$(101101101)_2$$

㉮ $X^8 + X^6 + X^5 + X^3 + X^2 + 1$

㉯ $X^8 + X^7 + X^5 + X^3 + X^2 + 1$

㉰ $X^8 + X^6 + X^5 + X^2 + X^1 + 1$

㉱ $X^8 + X^6 + X^5 + X^3 + X^2 + X$

정답   61. ㉯   62. ㉮   63. ㉰   64. ㉮

65. CRC 에러 검출 방식에서 다음과 같은 메시지를 수신하였다. 계산후 에러 개수로 옳은 것은?

> 메시지 다항식 = 1100111001
>
> 제너레이터 다항식 = 11001

㉮ 에러의 발생 여부를 알 수 없다.　㉯ 에러가 발생하지 않는다.

㉰ 에러가 1bit 발생하였다.　　　　　㉱ 에러가 2bit 발생하였다.

해설 메시지 다항식 = $X^9 + X^8 + X^5 + X^4 + X^3 + 1$

제너레이터 다항식 = $X^4 + X^3 + 1$

CRC 방식에서는 에러 검출을 하기 위해 수신한 메시지 다항식을 제너레이터 다항식 으로 나누면

$$
\begin{array}{r}
X^5 + 1 \\
X^4 + X^3 + 1 \overline{\smash{\big)}\, X^9 + X^8 + X^5 + X^4 + X^3 + 1} \\
\underline{X^9 + X^8 + X^5} \\
X^4 + X^3 + 1 \\
\underline{X^4 + X^3 + 1} \\
0
\end{array}
$$

나머지가 0이기 때문에 에러가 발생하지 않았음을 알 수 있다.

66. 오버 헤드(over head)를 줄이기 위하여 데이터 블록을 연속적으로 보내는 방식은?

㉮ continuous ARQ　　　　　㉯ FEC

㉰ adaptive ARQ　　　　　　㉱ stop-wait ARQ

정답 65. ㉯　　66. ㉮

67. CRC 방식에서 수신한 데이터에 오류가 없는 경우라고 할 수 있는 것은?

㉮ 데이터 프레임을 생성 다항식으로 감산하여 결과가 0인 경우

㉯ 데이터 프레임을 생성 다항식으로 감산하여 결과가 1인 경우

㉰ 데이터 프레임을 생성 다항식으로 나누어 나머지가 1인 경우

㉱ 데이터 프레임을 생성 다항식으로 나누어 나머지가 0인 경우

68. 동기식 전송에 이용되는 가장 효율적인 에러 검출 방식은?

㉮ CRC(cyclic redundancy check)

㉯ VRC(vertical redundancy check)

㉰ LRC(longitudinal redundancy check)

㉱ ARQ(automatic repeat request)

69. 하밍 코드(hamming code)에서 에러를 검출하는데 맞는 관계식은?(단, n : 블럭 전체의 비트수, k : 데이터 비트, m : 에러 검출 비트, $n = m + k$)

㉮ $2^m \leq n+1$ ㉯ $2^m \leq n+2$

㉰ $2^m \geq n+2$ ㉱ $2^m \geq n+1$

정답 67. ㉱   68. ㉮   69. ㉱

연습문제

70. 다음의 에러 제어 방식 중에서 복수의 에러를 정정할 수 있는 방식은?

㉮ CRC 코드   ㉯ BCH 코드

㉰ 하밍 코드   ㉱ 수직 패리티

> **해설** BCH 코드(Bose-Chaudhuri-Hocquenghen)
> ① 3명의 발명자의 이름에서 유래된 코드이다.
> ② 대표적인 랜덤 에러 정정 코드로서 복수개의 에러를 정정할 수 있다.
> ③ BCH의 대표적인 코드에는 Reed-Solomon 코드가 있다.
> ④ BCH 코드의 수(n) : $n = 2^m - 1 (m : 2$보다 큰 임의의 정수$)$
> ⑤ 코드당 패리티 코드의 수 : $n - k \leqq mt$

71. 통신 속도가 4800[bps]인 회선에서 코드 에러가 50분간 전송됐을 때 오류 비트가 36[bit]였다면, 이 회선의 비트 오율은?

㉮ 2.5×10^{-8} ㉯ 2.5×10^{-7}

㉰ 2.5×10^{-6} ㉱ 2.5×10^{-5}

> **해설** 비트 오율(BER : Bit Error Rate)은 $BER = \dfrac{\text{에러가 발생한 비트수}}{\text{총 전송된 비트수}}$로 나타낸다.

정답 70. ㉯   71. ㉰

이시우

- 日本大學(Nihon Univ.) 전자공학과 석사
- 日本大學(Nihon Univ.) 전자공학과 박사
- 현재 상명대학교 정보통신공학과 교수
- NCS 집필위원
- 전략물자관리원 판정위원
- 국방과학기술평가원 심사위원
- 한국방송통신전파진흥원 심사위원
- 중소기업청 심사위원
- 조달청 심사위원
- 국가과학기술위원회 자문위원
- 한국대학교육협의회 심사위원
- 한국산업기술평가관리원 심사위원
- 국가평생교육진흥원 심사위원
- 한국산업기술진흥원 심사위원
- 한국전자정보진흥센터 심사위원
- 한국정보통신기술진흥센터 심사위원
- 창조경제밸리혁신기술개발 전담지원 전문가(PS)

저서

〈전자회로〉〈정보통신공학개론〉〈정보통신산업기사〉〈디지털전자회로〉〈정보전송공학〉〈정보통신기기〉
〈정보통신설비기준〉〈전자계산기일반〉〈정보통신 및 전송공학개론〉〈PC와 인터넷활용〉

정보전송공학

1판 1쇄 인쇄   2016년 07월 15일
1판 1쇄 발행   2016년 07월 25일
저   자 이시우
발 행 인 이범만
발 행 처 **21세기사** (제406-00015호)
       경기도 파주시 산남로 72-16 (10882)
       Tel. 031-942-7861   Fax. 031-942-7864
       E-mail : 21cbook@naver.com
       Home-page : www.21cbook.co.kr
       ISBN 978-89-8468-684-7

정가 20,000원